运河遗珍

天津市大运河文化遗产保护性调查研究

天津市文化遗产保护中心 编

天津社会科学院出版社

图书在版编目（ＣＩＰ）数据

运河遗珍 ： 天津市大运河文化遗产保护性调查研究 ／
天津市文化遗产保护中心编. -- 天津 ： 天津社会科学院
出版社，2025.3
　　ISBN 978-7-5563-0797-5

　　Ⅰ． ①运… Ⅱ． ①天… Ⅲ． ①大运河－文化遗产－保
护－调查研究－天津 Ⅳ． ①K928.42

　　中国版本图书馆 CIP 数据核字 (2021) 第 272800 号

运河遗珍 ： 天津市大运河文化遗产保护性调查研究
YUNHE YIZHEN ： TIANJINSHI DAYUNHE WENHUA YICHAN BAOHUXING DIAOCHA YANJIU
选题策划：韩　　鹏
责任编辑：韩　　鹏、周知航
责任校对：吴　　琼
装帧设计：高馨月
出版发行：天津社会科学院出版社
地　　址：天津市南开区迎水道 7 号
邮　　编：300191
电　　话：（022）23360165
印　　刷：天津市宏博盛达印刷有限公司
开　　本：787×1092　　1/16
印　　张：12
字　　数：198 千字
版　　次：2025 年 3 月第 1 版　　　2025 年 3 月第 1 次印刷
定　　价：98.00 元

主　编：程绍卿

副主编：郭　洧　张　烨

综 述

　　大运河的开凿肇始于春秋时期，全长 2700 公里，跨北京、河北、天津、山东、江苏、浙江、河南和安徽等 6 省 2 市，沟通海河、黄河、淮河、长江、钱塘江五大水系，是彰显中国古人非凡创造力和无穷智慧的伟大工程，见证了中华民族文明发展的重要历程。大运河历经两千多年的动态演变，至今仍发挥着重要的交通和水利功能，并通过与其沿线的自然、社会环境持续互动，形成了一系列完整的线性文化景观。2014 年 6 月 22 日，中国大运河成功入选世界文化遗产名录，成为中国第 46 个世界文化遗产项目。悠悠千载运河，历经风雨依旧摇曳生姿。

　　天津境内的大运河北起武清区木厂闸，南至静海区九宣闸，以三岔河口为分界点，分为北运河、南运河两个河段，流经武清、北辰、河北、红桥、南开、西青、静海共 7 个行政区。

　　天津因运河而兴，因漕运而繁荣。天津的形成和发展与运河紧密相连。隋朝大运河的开通，使三岔河口成为天津最早的发祥地。唐朝中叶以后，天津成为南方粮绸等物资北运的水陆码头。宋辽时期，海河曾是"界河"，南北为宋、辽分治。宋朝在海河以南设立许多军事据点，如南河、沙涡、独流等。金朝在三岔口设立军事重镇"直沽寨"，成为天津城市的起点。

　　大运河天津段承载了中国古代北方平原地区科学的运河规划思想，促进了天津城市的产生、发展和兴盛，亦为当代留下了数量丰富、类型多元的文物与自然文化资源。河道沿线上分布有古文化街、估衣街、老城厢等历史文化街区和独流镇、陈官屯镇、老米店村等因运河而生的村镇聚落，以及水工设施、古建筑、古遗址、石刻等珍贵的运河遗产。

本书收录了大运河（天津段）的河道以及沿线 61 处各级文物保护单位，旨在加强大运河遗产的宣传保护力度，加深读者对大运河遗产资源的了解，感受天津开放包容的地域文化特征，进一步提高公众的文化遗产保护参与意识，共同做好大运河的保护、利用、传承，让千年文脉在新时代绽放璀璨光彩。

目 录

大运河（天津段）

大运河是世界上最古老的运河之一，开凿于公元前486年，包括京杭大运河、隋唐大运河和浙东运河三部分，地跨北京、河北、天津、山东、江苏、浙江、河南和安徽8个省、直辖市，是世界上开凿时间较早、规模最大、线路最长、延续时间最久且目前仍在使用的人工运河，是中国古代重要的漕运通道和经济命脉。大运河沿线包含桥、闸、坝、仓、寺观、塔等多种文物，与大运河周边众多与运河息息相关的文化遗产共同组成了运河文化。

大运河（天津段）包括：全国重点文物保护单位（段）和中国世界文化遗产（段）。其中：

大运河（天津段）为全国重点文物保护单位，北起武清区木厂闸，南至静海区九宣闸，由北至南流经武清区、北辰区、河北区、红桥区、南开区、西青区、静海区等7个行政区域。

北、南运河天津三岔口段为世界文化遗产，是北方城区运河的典型段落之一，南运河与北运河的交接处，见证了海漕转运的节点。遗产区北起北运河与龙凤河交叉处，向南沿北运河至三岔河口处再向西折，沿南运河直至杨柳青镇

● 三岔河口

止，全长 71 公里，流经我市的武清区、北辰区、河北区、红桥区、南开区、西青区六个区。其中，北运河部分自武清区筐儿港减河与北运河连接处至三岔河口，长 48 公里，南运河部分自三岔河口至西青区杨柳青镇镇区，长 23 公里。

遗产区总面积为 975 公顷，缓冲区总面积为 2493 公顷。两者共计为 3468 公顷。

● 北运河

● 南运河

大运河武清区段

武清区段

北运河武清区段北起河西务镇木厂闸，南至黄庄街道马家口村，全长62.3公里，自北而南，贯穿武清区全境。北运河武清区段始于金代晚期潞水通漕，初期绕行浮鸡甸（今下伍旗镇一带），后改由河西务通蒙村，兼承内河漕运和直沽海上漕运。元代定都大都（今北京市）后，军需民用皆源自江南。武清为漕运要路，河西务是重要的转运枢纽，元代曾在此设漕运总司、十四仓，明代设户部分司、巡司，并将钞关移至河西务，沿河各镇码头、货栈林立，直至清光绪废止漕运。北运河武清区段沿线有城址、仓储、码头、沉船等遗存。康熙、乾隆曾先后题写"导流济运""导流还济运"御碑，现保存于武清博物馆内。

北运河武清区段沿线分布有全国重点文物保护单位：十四仓遗址；天津市文物保护单位：紫竹禅林寺；武清区文物保护单位：杨村玄帝庙遗址、杨村清真寺、筐儿港坝。

北运河武清区段北端

北运河武清区段南端

名称：十四仓遗址

年代：元代

地址：天津市武清区河西务镇东西仓村南（临村）

保护级别：全国重点文物保护单位

十四仓遗址

十四仓遗址出土的磁州窑四系瓶

十四仓遗址出土的"皇甫"铜权

十四仓遗址出土的龙泉窑影青小狮

　　十四仓遗址位于天津市武清区河西务镇东西仓村南（临村）。该遗址沿北运河故道两岸分布，南北长约 1 公里，东西宽约 0.5 公里，面积 50 万平方米。河西务从元代开始即成为漕运的重镇，这里曾是兼管河漕的漕运高级机构所在地，元大都外围最大的仓储基地，在元、明、清三代漕运事务中处于非常重要的地位。

　　十四仓据《元史》记载，是建于河西务的十四座仓房，分别为：永备南仓、永备北仓、广盈南仓、广盈北仓、充溢仓、崇墉仓、大盈仓、大京仓、大稔仓、足用仓、丰储仓、丰积仓、恒足仓、既备仓。所处的区域在元代是一片湖水，与运河相通，北边的湖泊称后海子，南边的称前海子，海子的北边有北仓（今蔡庄村附近），南边有南仓（包括今龚庄村附近），在伸向湖中的岛上有东仓、中仓、西仓，今合称东西仓村。这14座国家级仓储库房离通往京师的大道很近，所以河西务十四仓那时成了供应京都民食军需的漕粮转运中心。

十四仓遗址文化层厚1米~2米，主要由3个岗子构成，以东岗子散布瓷片最多，北岗子地下掩埋有砖墙、下水道等遗迹。历年出土大量文物，有"皇

● 十四仓遗址

甫""西京"等铭记的铜权、铁权、石砚、龙泉窑影青小狮、定窑小瓷人、铜镜，以及定、磁、钧、龙泉等各窑系的碗、碟、盆、罐、炉、盏等各种瓷器。由此略可窥见昔日河西务仓房栉比，漕船穿梭，商业繁荣的兴旺景象。

2013年3月15日，国务院将十四仓遗址列入全国重点文物保护单位（合并至大运河）。

● 十四仓遗址

名称： 紫竹禅林寺

年代： 清代

地址： 天津市武清区河西务镇孝力村村西

保护级别： 天津市文物保护单位

紫竹禅林寺

⬤ 紫竹禅林寺

　　紫竹禅林寺位于天津市武清区河西务镇孝力村村西，俗名"孝力庙"，始建于清初，是武清区仅存的敕建佛教寺院。

　　建筑坐北朝南，现仅存前殿、正殿。前殿面阔三间，进深两间，后廊前不廊。主体七檩抬梁，山面穿斗。屋面裹陇，正脊砖雕龙纹，正吻后配，正吻垂脊瓦为黄琉璃，七跑小兽削割瓦。前檐青砖

⬤ 紫竹禅林寺大雄宝殿正面

● 前殿梁架

● 前殿彩画

● 正殿彩画

封护。雅伍墨旋子彩画，夔龙、黑叶子花枋心。

正殿面阔三间，进深两间，前廊后不廊。硬山顶黄琉璃瓦，大木小式，砖制廊心墙带枋心。主体七檩抬梁，山面穿斗。彩画作法及风格与前殿基本相同，仅枋心施以点金龙纹。梁枋所施旋子彩绘，规整严谨，工料精准。

紫竹禅林寺的创立、发展及兴盛的历史，与明清时期大运河暨河西务漕运的繁荣息息相关，对研究武清地区的历史文化、漕运、宗教具有较高的价值。

2020年5月16日，经天津市人民政府公布为第五批天津市文物保护单位。

名称：杨村玄帝庙遗址

年代：明代

地址：天津市武清区杨村北运河西岸、光明桥北侧

保护级别：天津市武清区文物保护单位

杨村玄帝庙遗址

⬤ **杨村玄帝庙遗址位置全景**

⬤ 重修玄帝庙碑

⬤ 杨村玄帝庙铜人

　　杨村玄帝庙遗址位于武清区杨村北运河西岸、光明桥北侧，庙已无存。2002年5月31日，在区内北运河上修建"光明桥"时，出土碑一通。该碑系明万历三十五年（1607）十一月立，时为"赐进士第承德郎礼部仪制清吏司主事"四陵人郑振先撰立。碑高1.6米，宽0.66米，厚0.1米，青石。碑额篆书"重修玄帝庙记"，碑文为楷书，共647字（碑下沿残缺10字），碑字清晰，清丽隽永，内容记叙郑家行船被风阻于运河，其妻病重，遇玄帝庙祷告后病愈而出资再修玄帝庙之事，颇具文采。次日施工时又出土铜人2尊，大小与真人比例相同，身高1.77—1.78米，身披重铠，为道教护法神。碑刻和铜人现陈列于武清博物馆。

　　2014年7月29日，经武清区人民政府公布为武清区文物保护单位。

⬤ 杨村玄帝庙铜人

名称：杨村清真寺

年代：清代

地址：天津市武清区杨村镇新店街牌坊胡同

保护级别：天津市武清区文物保护单位

杨村清真寺

🔵 **杨村清真寺**

🔵 **杨村清真寺大殿及望月楼**

🔵 **杨村清真寺石碑**

　　杨村清真寺位于武清区杨村镇新店街牌坊胡同，其始建于清乾隆年间（1736—1795）。

　　该建筑群坐西朝东，为砖木结构四合院，占地面积2929平方米，建筑面积1171平方米。主体大殿面阔五间，凸出三间，东西耳房各一间，殿内宽敞高大。殿顶勾连搭构成，琉璃瓦贯顶。院内有4层望月塔楼，高32米，攒尖铺绿琉璃瓦顶，飞檐高翘，华丽堂皇。现存乾隆皇帝赠匾"至诚无息"，道光年间赠匾"至公至善"，同治年间赠匾"至慈至公"等。后殿墙上有砖雕"开天古教"为吴佩孚所题。

　　2014年7月29日，经武清区人民政府公布为武清区文物保护单位。

◑ 杨村清真寺大门

◑ 杨村清真寺大殿外景

◑ 杨村清真寺大殿内部

◑ 杨村清真寺大殿及侧殿

◑ 望月楼

名称：筐儿港坝

年代：清代

地址：天津市武清区大碱厂乡筐儿港村南约 800 米，光荣院西侧

保护级别：天津市武清区文物保护单位

筐儿港坝

 筐儿港坝

　　筐儿港坝位于武清区大碱厂乡筐儿港村南约 800 米，光荣院西侧，建于清代，是一处减水石坝遗址。

　　清康熙三十六年（1697）和三十八年（1699），北运河在武清县筐儿港接连决口，运道受阻。三十九年（1700），康熙帝亲临视察，决定在决口处修建减水石坝，长约 67 米，并开挖减河，河旁筑堤，直通东北的塌河淀。雍正六年（1728），拓宽减水坝至 60 丈（约 400 米），河口拓宽，河道清淤，部分改道。乾隆二十九年（1764）、三十九年（1774），又两次挖河

固堤，从此，导流安澜百余年。

　　坝旁原立康熙御书"导流济运"碑一通，方首，通高 3.8 米，宽 1.1 米，厚 0.46 米，清康熙四十九年（1710）四月十二日立，立碑人为牛钮、孔古礼。原有碑亭，康熙五十九年（1720）修，承修人为庸爱、朝奇、觉罗巴哈、巴图善。此外，乾隆帝途经武清题写的三次诗碑"导流还济运"后立于筐儿港。现御碑保存于武清博物馆。

　　2014 年 7 月 29 日，经武清区人民政府公布为武清区文物保护单位。

● 康熙导流济运碑

● 乾隆题诗"导流还济运"石碑

北辰区段

北运河北辰区段北起双街镇小街村，南至北运河勤俭桥，长度约23公里，流经双街、北仓、天穆三镇。北运河北辰区段始于金代潞水通漕，元代成为京杭大运河的一部分，兼承大运河内河漕运和直沽海上漕运，北运河是南粮北调的重要通道。漕运的发展也使北仓一带成为天津北部的政治、经济、文化中心和南北文化的重要交汇地。清代华鼎元《北仓》诗云："寥落仓储矮屋斜，平林秋色噪寒鸦。夕阳渡口停舟望，沿岸纵横数十家。"北仓廒因漕运而驰名大江南北。清光绪二十六年（1900），八国联军沿北运河两岸北进，在北仓一带遭清军重创。联军炮击北仓村，并将北仓廒夷为平地。原有南仓、北仓等仓储设施，皆已不存。

北运河北辰区段沿线分布有北辰区文物保护单位：屈家店水利枢纽。

● 北运河北辰区段

名称: 屈家店水利枢纽

年代: 民国

地址: 天津市北辰区北仓镇屈店村东北侧永定河尾闾与北运河交汇处

保护级别: 天津市北辰区文物保护单位

屈家店水利枢纽

⬤ 屈家店枢纽工程全景照片

屈家店水利枢纽位于北辰区北仓镇屈店村东北侧永定河尾闾与北运河交汇处,是 20 世纪三十年代开始修建的天津北部水系水利枢纽工程。

屈家店水利枢纽由北运河船闸、北运河节制闸、新引河进洪闸和永定新河进洪闸构成。北运河船闸跨北运河河道,东靠北运河节制闸,下游闸墙上建吊桥,其建于 1930 年,现已废弃。北运河节制闸位于北运河左侧,右侧与船闸相接,其功能为控制永定河洪水下泄淤塞海口,并分泄上游洪水经北运河入海,该闸建于 1932 年,1990 年在原址上进行改建。改建后功能是向海河下泄清水,控制汛期永定河、北运河洪水注入海河。新引河进洪闸紧靠北运河节制闸,其主要功能是泄洪。该闸始建于 1931 年,1994 年 11 月在原址上进行改建。永定新河进洪闸主要承泄永定河洪水,非汛期闭闸,挡住潮水上溯及闸下游污水对海河水的污染。该闸始建于 1968 年,1999 年开始除险加固,于 2000 年 5 月改建完成。

2012 年 6 月 8 日,经北辰区人民政府公布为北辰区文物保护单位。

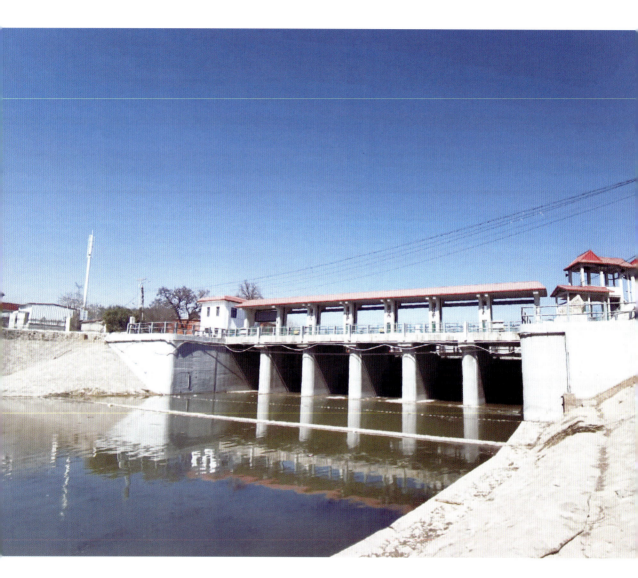

北运河及北运河节制闸

河北区段

北运河河北区段北起勤俭桥，南至三岔河口地区的金汤桥，全长 6.3 公里。北运河河北区段古称沽水，又名潞河。金章宗泰和五年（1205）改凿运渠，实行潞水通漕，成为运渠。元代成为京杭大运河的一部分。元、明、清三代来自江南的河、海漕运，皆经此转输北京。流经天津的大运河被分成南、北两段并与海河交汇，其交汇处称为"三岔河口"，经 1918 年的"裁弯取直"后北移，成为今貌。

北运河河北区段沿线分布有全国重点文物保护单位：望海楼教堂；天津市文物保护单位：大悲院、原直隶女子师范学校主楼、李叔同故居、解放天津会师纪念地、金家窑清真寺；河北区文物保护单位：耳闸、曹家花园旧址。

● 北运河河北区段

● 河北区上游狮子林桥

● 三岔河口

● 河北区中游辛庄桥

名称：望海楼教堂

年代：1869—1904 年

地址：天津市河北区狮子林大街 292 号

保护级别：全国重点文物保护单位

望海楼教堂

望海楼教堂位于原海河干流起点，北运河和南运河交汇的三岔河口，今河北区狮子林大街 292 号，海河北岸狮子林桥旁。教堂始建于清同治八年（1869），法国天主教会修建，初名圣母得胜堂，教堂坐北朝南，占地面积 877 平方米，建筑面积 879.73 平方米。正立面砖筑平顶塔楼 3 座，呈"山"字型，正中塔楼高大，檐头上立十字架。墙体外砌壁柱，门窗皆作二联尖拱式，东西房檐排水天沟各镶有八个石雕狮子头，头颈展露于外，逢雨射流，宛如喷泉。堂内平面呈长方形，纵向两排柱子，形成三廊广厅，中厅较宽，两边侧廊稍窄。厅北正中为圣母玛利亚主祭台，对面为唱经楼，地面铺有黑白色相间方瓷砖，顶壁皆有彩绘，整体具有欧洲哥特式建筑风格。

望海楼教堂是天主教传入天津后建造的第一座教堂，曾在 1870 年反洋教斗争和 1900 年义和团运动中两次被焚毁，是中国近代史上著名的"天津教案"发生地，也是海河"裁弯取直"后的地标性建筑。清光绪三十年（1904）重建。1976 年地震受损，1983 年修复。

1988 年 1 月 13 日，经国务院公布为第三批全国重点文物保护单位。2021 年 2 月 10 日，经天津市文化和旅游局（天津市文物局）公布为天津市第一批不可移动革命文物。

● 望海楼教堂正面全景

● 望海楼教堂排水天沟镶石雕兽头

● 望海楼教堂正面局部

● 望海楼教堂西侧塔楼

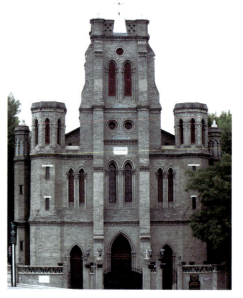

● 望海楼教堂正面

● 望海楼教堂尖顶券窗

● 望海楼教堂券窗

● 望海楼堂名

● 望海楼教堂檐头立十字架

○ 望海楼教堂内部全景

○ 望海楼教堂主祭台

○ 望海楼教堂内景——祭台

○ 望海楼教堂券窗内侧

● 望海楼教堂内景局部

● 望海楼教堂内景之一

● 望海楼教堂内景之二

● 望海楼教堂内景之三

望海楼教堂顶壁彩绘

望海楼教堂十字券彩绘

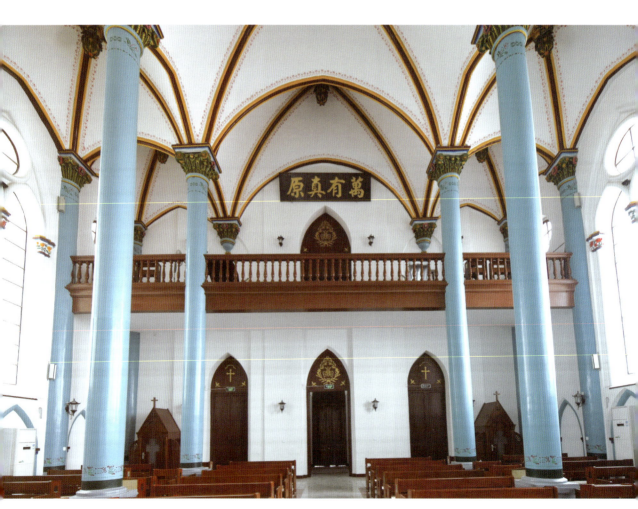

望海楼教堂唱经楼

名称：大悲院

年代：清代至民国

地址：天津市河北区天纬路40号

保护级别：天津市文物保护单位

大悲院

● 大悲院全景

　　大悲院位于天津市河北区天纬路40号，因供奉"有使众生安乐的慈心，有使众生脱离苦海的悲心"的观世音菩萨而得名，是天津市区年代较早的佛教十方丛林寺院。据《大悲院记》记载，该建筑群于清顺治十五年（1658）由禅人世高募化，天津卫守备曹斌捐资修建。康熙八年（1669）重修，此后几经变迁，原塔、楼、亭、台今已无存。光绪二十六年（1900）八国联军入侵，寺院遭劫，僧众星散。民国二十九年（1940），倓虚法师重兴大悲院，并扩建东院。1954年天津市政府拨款修葺。十年动乱期间，变成工厂，佛像法器荡然无存。1976年地震造成寺院损坏严重。1978年市人民政府为保护文物和落实宗教政策，依原貌重修大悲院。寺院坐北朝南，主要由山门、天王殿、大雄宝殿、大悲殿、东西配殿等建筑组成。2003年，大悲院按照传统汉传寺院规制进行改扩建，建有钟鼓楼、大雄宝殿、药王殿、地藏王殿、大悲阁、藏经楼等建筑。

建筑群中天王殿、释迦殿、西跨院为历史遗存。天王殿为单檐歇山顶，面阔三间，进深两间，砖砌拱券门，砖雕精细。释迦殿为单檐歇山顶，面阔五间，进深一大间加前后廊。西跨院多为硬山卷棚顶三开间建筑。

1982年7月9日，经天津市人民政府公布为第一批天津市文物保护单位。

大悲院西跨院侧景

大悲院山门（由南向北摄）

大悲院西跨院内景

大悲院天王殿（由南向北摄）

名称：原直隶女子师范学校主楼
年代：1913—1916 年
地址：天津市河北区天纬路 4 号
保护级别：天津市文物保护单位

原直隶女子师范学校主楼位于天津市河北区天纬路 4 号，为直隶第一女子师范学校旧址仅存的一座教学楼。

该校创建于 1906 年 6 月 13 日，原为我国近代著名教育家、直隶提学使、天津女学事务总理傅增湘创建的北洋女子师范学堂。1912 年春，学堂更名为北洋女师范学校。1913 年 5 月更名为直隶女子师范学校。1916 年 1 月，再更名为直隶第一女子师范学校，简称"女师"。邓颖超、刘清扬、郭隆真等均曾在此校就读。1937 年天津沦陷，学院迁到西安、兰州，校舍被驻津日军占用，造成一定程度损坏。抗战胜利后，女师迁回天津旧址复校。建国初为综合类艺术院校。1980 年，经国务院批准为天津美术学院，延续至今。学校现分南北两院，仅北院遗存原直隶女子师范学校主楼。

该楼原为二层砖木结构，后因学校

● 原直隶女子师范学校主楼远景

原直隶女子师范学校主楼

的发展需要整修成为混合结构。该楼现为三层带半地下室的罗马式教学楼（也称北大楼），红瓦坡顶，爱奥尼克柱支撑三层高门厅，上筑山花，坡顶正中有八角形拱顶阁楼。

原直隶女子师范学校主楼是天津最早的一所官立女子学校遗存的教学主楼，是妇女参与民主革命活动的基地。

1997 年 6 月 2 日，经天津市人民政府公布为第三批天津市文物保护单位。2021 年 2 月 10 日，经天津市文化和旅游局（天津市文物局）公布为天津市第一批不可移动革命文物。

● 原直隶女子师范学校主楼

● 原直隶女子师范学校主楼

名称：李叔同故居

年代：清代、民国

地址：原位于天津市河北区粮店后街 60 号

保护级别：天津市文物保护单位

李叔同故居原位于天津市河北区粮店后街 60 号，始建于清代，是著名高僧李叔同青少年时期居住的场所。

李叔同（1880—1942）学名文涛，幼名成蹊、岸，别号息霜、法号弘一，是我国最早将西洋绘画、音乐、话剧等艺术引进国内的先驱者之一，著名高僧。其出生于天津三岔河口东粮店后街陆家竖胡同 2 号的三合院内。幼时其父将三合院卖出，举家搬入坐落在山西会馆斜对面的粮店后街 60 号宅第中。因设有"桐达"钱号，故有"桐达李家"的称呼，李叔同在这里度过了整个青少年时代。十七岁时，正式拜师津门书法大家唐育垕习书法、篆刻，同时与津门硕儒严修、

弘一法师头像

孟广慧、赵元礼、王仁安等常有交往，才华横溢，被誉为"津门才子"。1898年离津抵沪，曾与曾孝谷创办春柳社，从事话剧活动。1905年东渡日本学习西洋绘画、音乐，1910年学成回国，回归津门故里粮店后街60号宅第，转年受聘于直隶高等工业学堂，任绘图员。课余之时李叔同常在宅第花园"意园"内改建的"洋书房"中，交朋会友及潜心钻研西方学术思想。两年后，李叔同离津去上海、杭州、南京等地任教，先后长达七年之久。1918年在杭州虎跑定慧寺出家，专研律宗，有"南山律宗大师"之称。

李叔同故居是李叔同青少年时期在津生活的场所。

1991年8月2日，经天津市人民政府公布为第二批天津市文物保护单位。2008年天津市人民政府投资将其迁建于河北区海河东路与滨海道交口东南角，后辟为李叔同纪念馆。现李叔同纪念馆为"田"字形四合院布局，占地面积4000余平方米，建于2米高台之上。建筑整体坐西朝东，砖木结构，青瓦灰墙，硬山顶。东侧院内新建2600平方米江南风格的秀美花园。

李叔同纪念馆

李叔同纪念馆内桐达钱号

李叔同纪念馆复原陈设

● 李叔同纪念馆入口

● 李叔同纪念馆室内陈设（一）

● 李叔同纪念馆室内陈设（二）

李叔同纪念馆院落（一）

李叔同纪念馆院落（二）

李叔同纪念馆院落（三）

李叔同纪念馆院落（四）

李叔同纪念馆院落（五）

名称：解放天津会师纪念地

年代：1949 年 1 月 15 日

地址：天津市河北区建国道西端

保护级别：天津市文物保护单位

解放天津会师纪念地

解放天津会师纪念地保护标志

解放天津会师纪念地位于天津市河北区建国道西端，与南开区水阁大街相连。1949 年 1 月 15 日解放天津之际，中国人民解放军东北野战军四个主力纵队在金汤桥胜利会师。

金汤桥建于 1906 年，其名取"固若金汤"之意，为开启跨两孔平转式铁桥，长 76.4 米，宽 10.5 米，是天津市现存早期建造的大型铁桥之一。

1991 年 8 月 2 日，经天津市人民政府公布为第二批天津市文物保护单位。2003 年，因桥体自然腐蚀而进行修整，桥两端局部地面改用钢化玻璃铺设，现为步行桥。2021 年 2 月 10 日，经天津市文化和旅游局（天津市文物局）公布为天津市第一批不可移动革命文物。

解放天津会师纪念地全景

名称：金家窑清真寺

年代：明代万历二年（1574）

地址：天津市河北区金海道金钟公寓小区内

保护级别：天津市文物保护单位

金家窑清真寺

● 金家窑清真寺外景

金家窑清真寺，也称"礼拜寺"，位于天津市河北区金海道金钟公寓小区内。该寺始建于明万历二年（1574），由安徽安庆府回族皇粮漕运帮集资兴建，清光绪及民国年间重修，是天津最古老的清真寺之一。清真寺以伊斯兰教安拉真主得名，含"真主独尊清真"之意。

该寺由正门、水房、讲堂、经堂（礼拜堂）等组成，占地面积1800平方米。正门坐西朝东，青砖圆券，高约3米，木制大门，两侧有石狮。前院南侧水房11间，供礼拜前大小净之用。北侧讲堂4间。院内有高大椿树一株，相传为明末栽植（今仍茂盛）。经堂（礼拜堂）为该寺主建筑，平面呈凸字型，以3个单体建筑勾连搭构成，高10米，前为卷棚顶抱厦，面阔三间，进深一间；中做硬山顶；后为九脊歇山顶，面阔五间，进深一间，砖雕精美。后殿正脊中部建有4米高六角攒尖式亭阁，翼角高翘，尖顶攒

● 金家窑清真寺全景

聚。殿内 12 根通天明柱与梁柱构成木结构穹顶。穹门后设有宣讲台。该寺红漆大门上的匾额为"清真无二"四字，门两侧设抱鼓石。整座寺院以我国传统木结构和院落式布局为主，又巧妙融合了伊斯兰式的建筑风格，典雅庄重、古色古香。寺内正门楼的墙上镶《天津金家窑清真寺碑记》一通，为民国十六年（1927）六月立。碑高 1.19 米，碑宽 0.59 米，厚 0.16 米。碑文楷书，内容记载该寺于明万历二年兴建，清光绪（1875—1908）及民国初年资助修缮的情况。

2020 年 5 月 16 日，经天津市人民政府公布为第五批天津市文物保护单位。

● 金家窑清真寺大殿正面全景

● "清真古教"牌匾

● 金家窑清真寺正门

● 金家窑清真寺大殿内景

● 金家窑清真寺碑

名称：耳闸

年代：1919 年

地址：天津市河北区北运河与新开河交口

保护级别：天津市河北区文物保护单位

● **耳闸**

耳闸位于天津市河北区北运河与新开河交口，建于民国八年（1919），是海河上游储水分洪和通航的水利建筑物。因水闸"用涵门操纵之连珠涵闸"且处北运河之畔，似人之耳，故民众称为"耳闸"。

民国七年（1918），顺直水利委员会成立后，因旧式水利工程易导致河底淤积，于是委任天津海河工程局的意大利籍总工程师平爵内负责改建新式水闸。民国八年（1919）6 月，正式建成。

该闸为钢混结构，由节制闸和船闸两部分组成。节制闸全宽 79 米，闸门 14 孔，两端各设溢洪道 2 孔，闸面为闸口桥。船闸位于节制闸南侧，主要由闸室及上、下游闸首组成，长 130 米，上、下闸首各宽 26 米，闸室两侧为红砖砌筑。

1920 年 8 月，经改坝为闸并疏浚河道后，耳闸宛如一座小型水库，泄水通畅，起到了保障天津安全的重要作用。此后耳闸于 1947 年、1972 年、1981 年、1989 年屡经维修、改造，2002 年，耳闸下游新建了船形的新闸，耳闸拆除了闸门与控制室，经修缮成为亘跨新开河的"闸桥"，与下游新闸构成耳闸公园，风景秀丽。

2013 年 4 月 7 日，经河北区人民政府公布为河北区文物保护单位。

耳闸—老船闸

名称：曹家花园旧址

年代：1922 年

地址：天津市河北区黄纬路 60 号

保护级别：天津市河北区文物保护单位

● 曹家花园旧址

曹家花园旧址位于天津市河北区黄纬路 60 号，始建于清光绪二十九年（1903），原为洋行买办孙仲英所建。1922 年该宅被军阀曹锟购入，改"孙家花园"为"曹家花园"。

孙仲英，江苏省南京人，光绪十六年（1890）来津经商，亦任洋行买办。后结识李鸿章，旋经营军火生意，且多有获利。光绪二十九年（1903）购得西起今元纬路、东至宙纬路、南迤五马路、北抵新开河围合二百多亩地皮，辟建私家花园，遍植花木，楼台亭阁，溪水环流，亦颇清雅，时称"孙家花园"。

曹锟，字仲珊，天津人，光绪八年（1882）投新建陆军当兵，后在天津武备学堂深造。甲午中日之战后，他攀附袁世凯，于光绪三十二年（1906）升任新军第三镇统制。1922年曹锟用重金从孙仲英手中买下，将原花园拆改扩建，建有西式的公主楼、公子楼，在院内开挖池塘、堆砌假山。1924年孙中山北上途经天津时，曾在此与张作霖会晤。1935年该园易主，后改为天津第一公园。1937年8月被日军侵占，改为陆军医院，1945年日本投降后，作为国民党军队医院。

现原建筑大部坍废，仅存两座湖心亭和太湖石假山等。湖心亭一座为"明轩"，砖木结构单层平顶，体量较大。另一座为六角攒尖顶中式亭阁。

2013年4月7日，经河北区人民政府公布为河北区文物保护单位。

● 曹家花园旧址—六角攒尖湖心亭

红桥区段

大运河红桥区段全长 15.35 公里，包括北运河（红桥区段）6.25 公里、南运河（红桥区段）7.3 公里、子牙河（红桥区段）1.8 公里。其中，南北运河交汇处的三岔河口是大运河（天津段）的核心节点。《天津卫志》载："三岔河在津城东北，潞、卫二水汇流。潞水清，卫水浊，汇流东注于海。"明确记述了旧三岔河口位于天津城东东北隅（今狮子林桥附近），为子牙河、南运河（潞）、北运河（卫）的三河交汇处。这里曾是天津最早的居民点、最早的水旱码头和最早的商品集散地，是天津城市发展的"摇篮"，也是清末天津的经济中心，近代民族工业的兴盛之地，遗留了众多的运河遗迹和非物质文化遗产。

大运河红桥区段沿线分布有全国重点文物保护单位：天津西站主楼、义和团吕祖堂坛口遗址、谦祥益绸缎庄旧址、北洋大学堂旧址；天津市文物保护单位：清真大寺、天津普通中学堂旧址、原瑞蚨祥绸布店、红灯照黄莲圣母停船场、引滦入津工程纪念碑、福聚兴机器厂旧址、大红桥、直隶全省内河行轮董事局旧址；红桥区文物保护单位：估衣街、窑洼炮台遗址、曾公祠旧址、清真南大寺、韩家大院、天津市基督教西沽堂、丹华火柴厂职工住宅、解放天津战役烈士墓。

● 北运河红桥区段

● 南运河红桥区段

名称：天津西站主楼

年代：1910 年

地址：天津市红桥区西站前街 1 号

保护级别：全国重点文物保护单位

天津西站主楼

● 全景

　　天津西站主楼位于红桥区西站前街 1 号，始建于清光绪二十八年（1902），宣统二年（1910）12 月 14 日落成启用。

　　天津西站主楼建筑主体二层，局部三层，带半地下室，坐北朝南，建筑面积 1900 平方米，是一座具有典型折中主义风格的德式新古典主义建筑。其设计图纸和建筑材料均来自德国，主体为砖混结构。主楼正立面中部前突，呈凸字形。主入口两侧有弧形台阶，宝瓶护栏。墙体以红砖砌筑，开长方形窗，窗上檐有人字或连弧线脚花饰。复斜式屋顶，红色舌形瓦，设老虎窗。屋顶中部筑方形二层钟楼，原楼顶端安装有德国制造的一座手摇上弦大钟，今该钟已不复存在。因天津西站的改扩建工程，该建筑于 2010 年平移至现址。

　　天津西站是津浦铁路的起点，它的设立折射出地区经济生活的发达与繁荣，同时它也是中国铁路枢纽站中保存完整，独具特色的德式建筑，是中国铁路发展史的见证。

　　2013 年 3 月 5 日，经国务院公布为第七批全国重点文物保护单位。

● 西站主楼南面

● 西站主楼北面

西站主楼局部

西站主楼门厅及候车大厅

西站主楼青石瓶式护栏

西站主楼候车大厅

西站主楼阁楼内部

西站主楼站房平移施工

西站主楼楼梯

名称：义和团吕祖堂坛口遗址

年代：清代光绪二十六年（1900）

地址：天津市红桥区芥园西道与怡华路交口

保护级别：全国重点文物保护单位

● 后殿

● 五仙堂

义和团吕祖堂坛口遗址

义和团吕祖堂坛口遗址位于天津市红桥区芥园西道与怡华路交口，始建于明宣德八年（1433），初为永丰屯李氏祠堂，后经修葺，改为吕祖道观，定名为"吕祖堂"。砖木结构，坐北朝南，整体布局为"T"字形。从南到北依次分布为：山门（左右耳室）、东西回廊、前殿、后殿、五仙堂、东配殿，占地面积1600平方米，建筑面积600平方米。前殿卷棚硬山顶，檐下悬"纯阳正炁"，后殿檐下悬"道观三乘"匾额。

1900年义和团运动中乾字团首领曹福田率盐山、庆云、静海等地的千余名义和团民在吕祖堂设"总坛口"，并将拳场设在五仙堂。因吕祖堂靠近南运河，津西各县义和团来津时大多在此落脚。与义和团著名首领张德成、林黑儿、刘呈祥等经常在此聚义拜坛，共商对敌大计，在此决定了火烧紫竹林租界、攻打老龙头火车站和天津城保卫战的一些重大决策。

1962年，经天津市人民委员会公布为第一批天津市文物保护单位。1982年2月，经国务院公布为第二批全国重点文物保护单位。1985年全面修缮，1986年初作为"义和团纪念馆"对外开放；1994年成为天津市爱国主义教育基地。2021年2月10日，经天津市文化和旅游局（天津市文物局）公布为天津市第一批不可移动革命文物。

◐◑ 义和团吕祖堂全景

◐◑ 五仙堂

◐◑ 义和团吕祖堂后殿

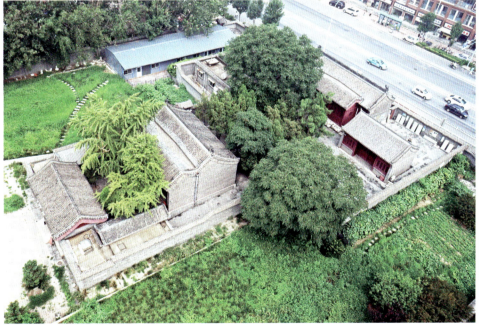

航拍

● 义和团吕祖堂前殿内供奉吕洞宾

● 五仙堂内景

● 曹福田铜像

名称：谦祥益绸缎庄旧址
年代：1917 年
地址：天津市红桥区估衣街 94 号
保护级别：全国重点文物保护单位

 牌匾

谦祥益绸缎庄旧址

谦祥益绸缎庄旧址位于天津市红桥区估衣街 94 号。谦祥益（保记）绸缎庄开办于 1917 年，是中国历史悠久，以信誉著称的老字号之一，为山东章丘孟广宦（字养轩）创办。该建筑坐北朝南，由东、西两部分组成，占地面积 2246 平方米，建筑面积 4100 平方米。

旧址为砖木结构，抬梁式屋架。该建筑砖砌高墙大门，入口为西式圆形立柱，上承连弧拱券，两侧墙面饰巨幅浮雕仙鹤图。前院为天井式，顶部设钢架大罩棚，前檐饰铁花栏杆和云子。店内西半部营业大厅，为二层外廊式，楼上中部空间装大罩棚，回廊木柱、栏杆、檐板、楣子等花饰精致。东半部为办公用房，纵向分三个院落，均为二层外廊式楼房，开间以木隔扇相隔，内外装修具有中国传统商业风貌特色。

谦祥益绸缎庄旧址，是我国重要的近代商业遗产，其中西合璧式的建筑形式反映了天津民国时期建筑的历史风貌，是该时期商业繁荣的历史见证。

1997 年 6 月 2 日，经天津市人民政府公布为第三批天津市文物保护单位。2013 年 3 月 5 日，经国务院公布为第七批全国重点文物保护单位。

⬤ 谦祥益绸缎庄旧址内景

⬤ 谦祥益绸缎庄旧址正面

⬤ 谦祥益绸缎庄一楼内景

⬤ 谦祥益绸缎庄内景

⬤ 谦祥益绸缎庄内景

⬤ 谦祥益绸缎庄内景

名称：北洋大学堂旧址

年代：1902 年

地址：天津市红桥区光荣道 2 号

保护级别：全国重点文物保护单位

北洋大学堂旧址

● 北洋大学堂旧址团城正门

北洋大学堂旧址位于红桥区光荣道 2 号。北洋大学创建于清光绪二十一年（1895），是中国第一所现代大学。初名"天津北洋西学堂"，后改名北洋大学校、国立北洋大学。1902 年迁至西沽武库新校址，改名为北洋大学堂。校园在解放后曾被天津工业学校（中专）使用，1952 年，该校址调整为河北工学院，1995 年改为河北工业大学。

● 北洋大学堂旧址南楼

旧址现存有南楼、北楼、团城三座文物建筑。

南楼，原为北洋工学院工程学馆，建成于1933年，由中国工程司设计。该建筑为砖混结构三层楼房，东西对称，一字型平面，南北朝向，地下一层，地上三层，平屋顶。外墙为红砖砌清水墙，建筑运用西方传统构图法，建筑风格简约，造型简洁，立面装饰典雅端庄，室内装修简单实用。一、二楼现为河北工业大学校史馆。门上有牌匾"北洋工学院"，建筑东侧设有应急出口和消防逃生梯。

北楼，原为北洋工学院工程实验馆，建于1936年，为中国工程司设计。该建筑为砖混结构，主体三层，局部四层，地下一层。建筑平面为一字型，屋顶为可上人平屋顶。门口设有两根灯杆，建筑入口内设六角形门厅，楼道向两侧延伸。现为河北工业大学第五教学楼。

团城，为砖木结构平房，局部青瓦坡顶，青砖墙面，内部装饰具有西洋风格，原为北洋大学自来水处理厂，1929年后改为办公用房，曾做过教职工宿舍。著名桥梁专家茅以升曾于1945年8月任北洋大学校长时在此居住、办公。团城外墙上装饰有堞雉，房间内设有壁炉，院子正门在南侧。

北洋大学堂是中国最早培养工程技术人才的专业大学，历史悠久，闻名中外，中国经济学家马寅初、革命活动家张太雷等均毕业于此校。北洋大学堂是我国近代大学历史的开端，其办学章程、学科设置、教学内容和思想等都"为继起者规式"，是中国近代高等教育的起点，是天津乃至中国教育发展史上重要组成部分。

2013年3月5日，经国务院公布为第七批全国重点文物保护单位。

● 北洋大学堂旧址北楼

北洋工学院匾额

北洋大学堂旧址全景

◖◗ 北洋大学堂旧址大门口

◖◗ 北洋大学堂旧址——团城

名称：清真大寺

年代：清代

地址：天津市红桥区大寺前街

保护级别：天津市文物保护单位

清真大寺

清真大寺

　　清真大寺位于天津市红桥区大寺前街，始建于清康熙四十二年（1703）[《红桥区志》记载为清顺治元年（1644）]，后历经多次修葺、续建，形成如今规模，是天津现存规模最大的清真寺。

　　寺院坐西朝东，由照壁、门厅、礼拜殿、南北讲堂、厢房和沐浴室等组成。门前照壁以砖石砌筑，壁面镶汉白玉石匾"化肇无极"四字，为清肃亲王手书。门厅面阔、进深各三间，青瓦硬山顶，明、次间各开砖雕拱券门一座，后檐接出卷棚廊厦，廊柱间置坐凳栏杆。礼拜

殿为寺内主体建筑，以四组建筑勾连搭构成。最前为卷棚顶抱厦，面阔三间，进深一间，廊柱间置坐凳栏杆。中部为两座庑殿顶大殿，面阔五间，进深六间。门外以石筑望柱栏板围绕。后面大殿面阔七间，进深三间，殿顶并立亭式阁楼五座。中间阁楼最高，八角攒尖青瓦顶，两旁阁楼较低，均为六角形。南、北两端阁楼檐下悬"望月""喧时"匾额。讲堂设在庭院的南北厢房内，面阔三间，进深一间，青瓦硬山顶。讲堂以西各附

清真大寺保护标志

耳房，供接待、休息使用。北跨院为沐浴室。殿堂内外砖雕、木雕装饰工艺精细，多为花卉图案。寺内有阿拉伯文、汉文匾额、楹联共计61方，保存完好。

1982年7月9日，经天津市人民政府公布为第一批天津市文物保护单位。

◗ 清真大寺对厅

◗ 清真大寺大殿

清真大寺照壁

清真大寺大门

清真大寺院内

清真大寺门厅

清真大寺照壁匾额

清真大寺翼角

名称：天津普通中学堂旧址

年代：1933 年

地址：天津市红桥区铃铛阁大街 1 号

保护级别：天津市文物保护单位

天津普通中学堂旧址

天津普通中学堂旧址坐落于天津市红桥区铃铛阁大街 1 号。"庚子事变"后，经津邑高凌雯、王世芸等倡议，于 1901 年将稽古书院改建为"普通中学堂"，是天津较早的学校之一。1903 年更名为"天津府官立中学堂"。因其旧址原为稽古寺，寺内有藏经阁，人称"铃铛阁"，故现名铃铛阁中学。

校内现仅存早期建筑礼堂一座，为二层砖混结构的青砖楼房。一层办公，二层为礼堂。其平面呈"凸"字形，楼入口处分为左右楼梯，正中外墙处镶有民

国廿二年（1933）七月陈宝泉题写"河北省立第一中学"重筑礼堂奠基石。

2013 年 1 月 5 日，经天津市人民政府公布为第四批天津市文物保护单位。

⬤ 天津普通中学堂旧址外景

⬤ 天津普通中学堂旧址外景

◖ 天津普通中学堂旧址内景

◖ 天津普通中学堂旧址嵌墙碑

◖ 天津普通中学堂礼堂外檐局部

名称：原瑞蚨祥绸布店

年代：清末

地址：天津市红桥区估衣街44号

保护级别：天津市文物保护单位

● 保护标志

原瑞蚨祥绸布店

原瑞蚨祥绸布店位于天津市红桥区估衣街44号，始建于1908年，曾是山东籍商人孟雒川在估衣街开设的棉布庄。

"瑞蚨祥"创建于1862年，总店在济南。20世纪初在天津开设分店，初在北门外竹竿巷内。1908年，孟雒川在锅店街开设瑞蚨祥鸿记门市部。1921年，在估衣街东口开设西号。1932年，在估衣街西口开设瑞蚨祥庆记。1953年，鸿记、庆记并入西号，1956年公私合营后转为国营。1986年瑞蚨祥在估衣街又恢复了其字号，经营品种有所增加。

原瑞蚨祥绸布店由前院、营业厅和后楼组成，建筑面积1320平方米。建筑坐北朝南，砖木结构。前院为天井式，顶部为钢制大罩棚。营业厅为二层外廊式，楼上正中空间上设隔扇式天窗。后楼为经理室、账房等。店堂宽宏、内外装修古朴典雅，具有中国传统商业建筑的风格。

1997年6月2日，经天津市人民政府公布为第三批天津市文物保护单位。

原瑞蚨祥绸布店外景

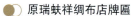

原瑞蚨祥绸布店牌匾

原瑞蚨祥绸布店入口

原瑞蚨祥绸布店外墙刻文

原瑞蚨祥绸布店外墙刻文

原瑞蚨祥绸布店砖雕

原瑞蚨祥绸布店砖雕

名称：红灯照黄莲圣母停船场

年代：1900 年

地址：天津市红桥区南运河南路

保护级别：天津市文物保护单位

红灯照黄莲圣母停船场

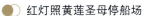 红灯照黄莲圣母停船场

　　红灯照黄莲圣母停船场位于天津市红桥区南运河南路，是义和团青年妇女组织的革命斗争纪念地。

　　1900 年，义和团运动兴起。红灯照是义和团青年妇女的组织。首领船民林黑儿，自称"黄莲圣母"，于南运河停船处设水上坛口，组织妇女进行反帝斗争，在维护治安、传递军情、捉拿奸细、抢救伤员等方面颇有贡献。当年停船遗迹现已无存，仅剩纪念碑一座。

　　1982 年 7 月 9 日，经天津市人民政府公布为第一批天津市文物保护单位。

 红灯照黄莲圣母停船场保护标志

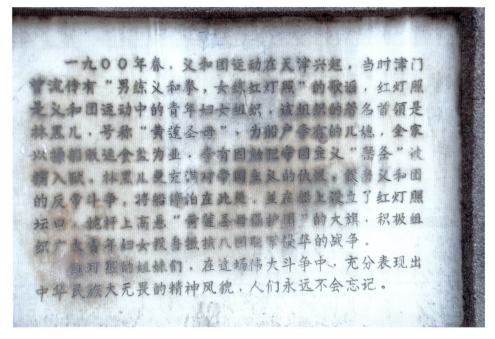

 红灯照黄莲圣母停船场纪念碑碑文

名称：引滦入津工程纪念碑
年代：1983 年
地址：天津市红桥区三岔河口处
保护级别：天津市文物保护单位

引滦入津工程纪念碑

引滦入津工程纪念碑位于天津市红桥区三岔河口处，是天津市委、市政府为纪念引滦入津工程而建造的一座纪念碑。该工程是由党中央、国务院领导的一项跨省市、跨流域的综合性供水工程，解决了天津城市用水困难的问题。

该碑于 1983 年 9 月筑成，碑体通高 24 米，分碑座及人物塑像两部分。碑座为大理石质地，高 18 米，由邓小平同志亲笔题写"引滦入津工程纪念碑"碑铭。基上耸立着汉白玉雕刻的妇女抱婴儿塑像。这里曾多次举行纪念、教育活动。

2013 年 1 月 5 日，经天津市人民政府公布为第四批天津市文物保护单位。2021 年 2 月 10 日，经天津市文化和旅游局（天津市文物局）公布为天津市第一批不可移动革命文物。

引滦入津工程纪念碑

● 引滦入津工程纪念碑雕像

● 引滦入津工程纪念碑

名称：福聚兴机器厂旧址
年代：民国
地址：天津市红桥区三条石大街小马路 16 号
保护级别：天津市文物保护单位

福聚兴机器厂旧址

● 福聚兴机器厂旧址保护标志

　　福聚兴机器厂旧址位于天津市红桥区三条石大街小马路 16 号。该厂于 1926 年 7 月开业，是天津市内保留较为完整的工业遗产。

　　福聚兴机器厂创建于三条石民族工业的兴盛时期，其发展速度很快，从 1926 年建厂时投资一千银元，到 1956 年公私合营时资本增长 110 倍。建厂初期以加工零活为主，后期产品主要有：刨冰机、榨油机、打稻机、拉盘水等二十多个品种。产品销往全国各地，是当时较有规模的机器厂，在早期三条石工业中享有较高声誉。

　　福聚兴机器厂旧址为砖木结构合院式建筑，由前、后柜房、机器车间、仓库、锻工棚、厨房组成，建筑面积 370 平方米。其中机器车间是该厂的核心建筑，面积 110 平方米。车间内天轴皮带悬挂，各种机器密布交错，车间设备体现了 20 世纪三四十年代民族机器业的概貌。前柜房四面开窗，用于资本家监视工人干活，反映了封建思想影响下特殊的生产管理方式。

　　2013 年 1 月 5 日，经天津市人民政府公布为第四批天津市文物保护单位。

● 福聚兴机器厂旧址入口

● 福聚兴机器厂旧址外景

名称：大红桥

年代：1937 年

地址：天津市红桥区子牙河北路

保护级别：天津市文物保护单位

⬤ 大红桥全景

大红桥位于天津市红桥区子牙河北路，原为木桥，清光绪十三年（1887）改建为单孔拱式钢桥，1924 年被洪水冲毁；1933 年在其西边约 1 里处筹建铁桥，1937 年竣工，称"西河桥"；1964 年因桥体开启制动系统失灵，将开启钢架及平衡铊拆除。

大红桥横跨子牙河，为开启式铁桥。全长 80 米，宽 12 米，车行道宽 5.5 米，载重 10 吨。全桥由三孔组成，南孔为 11 米开启跨，中孔为 56 米的钢性柔杆性拱，北孔为简支体系的引跨。大红桥结构严谨，造型美观，是红桥区内现存的唯一铁桥。

大红桥是红桥区区名的由来，是红桥区标志性建筑物，具有重要的文物价值。

2013 年 1 月 5 日，经天津市人民政府公布为第四批天津市文物保护单位。

● 大红桥现状

● 大红桥桥体钢材铭文

名称: 直隶全省内河行轮董事局旧址

年代: 1914 年

地址: 天津市红桥区西沽小辛庄街 19 号

保护级别: 天津市文物保护单位

● 直隶全省内河行轮董事局旧址办公楼

直隶全省内河行轮董事局旧址位于天津市红桥区西沽小辛庄街 19 号，正式成立于 1914 年 9 月 16 日，由直隶省行政公署、北洋政府海军部和大沽造船所各出官银 5 万两合资创办。1928 年改名为"天津特别市政府内河航运局"；1930 年改称为"河北省内河航运局"；1960 年又更名为"河北省交通厅航运管理局"；1964 年河北省与天津市航运机构合并；1972 年河北省交通厅航运管理局改名为"河北省航运管理局"。

● 直隶全省内河行轮董事局旧址正门

直隶全省内河行轮董事局旧址占地面积 580 平方米，由内河局红桥客运站、办公楼、航运局工人俱乐部、医务室小楼组成。其中内河局红桥客运站为单层红砖小楼，建筑立面采用水泥装饰线脚，分两段式，下段为建筑主体设门窗，上段设水泥雕花装饰，有"内河局红桥客运站"字样。办公楼坐西北朝东南，二层红砖楼房，双坡顶。航运局工人俱乐部为"一"字形单层红砖楼房，双坡顶，屋顶铺红瓦、设老虎窗。医务室小楼原为单层水泥饰面小楼，现被粉刷成红色，主入口改为南侧。

直隶全省内河行轮董事局旧址是珍贵的工业遗产，见证了华北地区内河航运的历史变迁。

2013 年 1 月 5 日，经天津市人民政府公布为第四批天津市文物保护单位。

● 直隶全省内河行轮董事局旧址办公楼

● 直隶全省内河行轮董事局旧址办公楼与医务室

名称：估衣街

年代：清代

地址：天津市红桥区估衣街

保护级别：天津市红桥区文物保护单位

估衣街

估衣街

估衣街位于天津市红桥区估衣街，北门外大街中段东侧。形成于清代中晚期，到民国初年发展成天津最为繁华和著名的商业街之一。

估衣街走向自东向西，东起大胡同，西至北门外大街，南侧通万寿宫等6条胡同，北侧通归贾胡同等8条胡同。该街两侧以丝绸、棉布、针织、百货店为主。瑞蚨祥绸布店、宝明斋眼镜店、小百货批发部、新华皮货店、丽新呢绒服装店、义成泰戏装店、滨海服装厂等坐落在街两侧。现该街东段两侧设个体经营针织百货摊点，形成了一个繁华的小商贩市场。

由于估衣行业的兴旺，带动了棉布、绸缎等行业的兴盛，当时出现了全市闻名的谦祥益、元隆、敦庆隆、瑞蚨祥、瑞林祥、华竹等老字号，使该街成为天津最早的繁华商业区之一。

1997年8月25日，经红桥区人民政府公布为红桥区文物保护单位。

谦祥益绸缎庄旧址

锅店街局部

⬤ 估衣街街景（东段）

◖ 估衣街街景（西段）

名称：窑洼炮台遗址

年代：明代崇祯十二年（1639）

地址：天津市红桥区北营门东马路北侧

保护级别：天津市红桥区文物保护单位

窑洼炮台遗址

⬤ **窑洼炮台遗址现状**

窑洼炮台遗址位于天津市红桥区北营门东马路北侧，是明代建造的津门环城七座炮台之一。早年河北岸是窑洼地，名为西窑洼，故此炮台称窑洼炮台。

该炮台至今仍然遗存着明代炮台的台基，台基底边长 14.81 米，宽 14.38 米，高 1.81 米，基身向上收分。炮台方向北偏东 38 度。炮台废弃后台基上搭盖起房屋，此房于天津解放后改作公安派出所用房，当时人们称之为炮台派出所。1956 年街所合并，此房成为干部宿舍。

1997 年 8 月 25 日，经红桥区人民政府公布为红桥区文物保护单位。

窑洼炮台遗址

名称：曾公祠旧址

年代：清代同治十三年（1874）

地址：天津市红桥区南运河北路 4 号

保护级别：天津市红桥区文物保护单位

曾公祠旧址

● 曾公祠正门外景

曾公祠旧址位于天津市红桥区南运河北路 4 号。该祠始建于清同治十三年（1874），原位于南运河北岸，为清末直隶总督、两江总督曾国藩祠堂。2011 年迁建至现址。

1937 年，曾公祠被改为安清家庙。1945 年以后，先后被改为尚义小学、金钟桥小学。原正殿曾被用作校办工厂。1982 年，从正殿西南角下发现碑石一块，为同治十三年（1874）天津河间兵备道、天津知府、天津知县为建祠而立，现存红桥区文物保护中心内。

该祠堂现为传统砖木结构合院式建筑，整体坐北朝南，由山门、正殿、东西配殿组成。山门、正殿均为硬山顶，配殿为卷棚顶。施青绿彩画，古朴典雅。

1997 年 8 月 25 日，经红桥区人民政府公布为红桥区文物保护单位。

● 曾公祠旧址

● 曾公祠全景

名称：清真南大寺

年代：清代道光二年（1822）

地址：天津市红桥区清真寺大街 12 号、14 号

保护级别：天津市红桥区文物保护单位

清真南大寺

● 清真南大寺外景

　　清真南大寺位于天津市红桥区清真大街 12 号、14 号，始建于清道光二年（1822），是天津市建设较早、规模较大的清真寺之一。因 1971 年、1974 年两次火灾，使得建筑损毁严重，仅存门厅和南北侧门，后予以重建。

　　门厅为砖木结构，面阔三间，进深两间，青瓦硬山顶，前后檐皆出卷棚廊厦。

　　红桥区是天津市少数民族——回族居住较集中的地区。整个建筑不仅有中国明清时期北方建筑的特点，更带有浓厚的阿拉伯伊斯兰教色彩。现寺内存有清道光、同治、光绪、宣统年间匾额四方。

　　1997 年 8 月 25 日，经红桥区人民政府公布为红桥区文物保护单位。

● 清真南大寺内景

● 清代木匾

● 清真南大寺

名称：韩家大院

年代：清代同治十二年（1873）

地址：天津市红桥区庞家胡同 2 号

保护级别：天津市红桥区文物保护单位

韩家大院

韩家大院院门

韩家大院坐落于天津市红桥区庞家胡同 2 号，建于清同治十二年（1873）。初建成北房五间，后陆续添建南房、厢房及门楼，逐渐建起七进院落的韩家大院。1927 年，韩氏后人又在该院以北建起两座院落。现韩家大院仅存局部。

该院现坐北朝南，存留有正房五间，东西厢房各五间，倒座五间。采用博缝砖，戗檐。正房面阔五间，进深二间。梁架檩、垫、枋俱全，颇具清代风格。檐下有木雕，门上有匾托、帘架等。

2020 年 1 月 19 日，经红桥区人民政府公布为红桥区文物保护单位。

◖ 韩家大院外景

◖ 韩家大院加装铁质罩棚外景

名称：天津市基督教西沽堂
年代：清代
地址：天津市红桥区龙王庙前街 15 号
保护级别：天津市红桥区文物保护单位

天津市基督教西沽堂

天津市基督教西沽堂位于红桥区龙王庙前街 15 号，始建于清光绪三十三年（1907），属美国基督教理事会，是天津较早的教堂之一。

基督教于十九世纪中叶传入天津，最早在鼓楼一带兴建教堂。后来到了十九世纪末，在红桥区西沽街即今红桥小学附近建教堂，同时美国公理会活动重心转移到西沽一带。

西沽堂为传统木架结构，结点由铁件加固，梁与梁之间雕有镂空十字形装饰或宝瓶装饰。20 世纪 30 年代初，天津公理会的活动重心由此移至河北区冈纬路。1958 年天津基督教会联合礼拜，西沽堂停止宗教活动，此后该教堂一直由街办工厂使用，多有装修改建。2003年 3 月，该堂被收回修复，于 2004 年 4月正式恢复使用。现基本保存完好。

2020 年 1 月 19 日，经红桥区人民政府公布为红桥区文物保护单位。

● **天津市基督教西沽堂外景**

● 天津市基督教西沽堂外景

● 天津市基督教西沽堂内景

名称：丹华火柴厂职工住宅

年代：民国

地址：天津市红桥区公司前街 16 号

保护级别：天津市红桥区文物保护单位

● 丹华火柴厂职工住宅正门

丹华火柴厂职工住宅位于天津市红桥区公司前街 16 号，建于民国。1918 年，京师丹凤火柴股份有限公司与天津华昌火柴公司合并，成立丹华火柴股份有限公司。该公司设总部于北京，分平津两厂。该建筑为丹华火柴厂天津厂的职工宿舍。

丹华火柴厂在 1925 年前主要生产安全性差、有剧毒的黄磷火柴。1925 年后改产硫化磷火柴，同时少量生产安全火柴。硫化磷火柴商标为丹凤牌、翔凤牌、蜻蜓牌、海马牌，安全火柴为飞凤牌，行销三北地区。其中一种叫"手牌"的火花卷标，以 16 种不同手指变化图构成，为我国第一套成套火花，弥足珍贵。1932 年 5 月以后，我国民族火柴工业有了长足发展。丹华火柴公司控制了华北及中原一带市场，倪幼丹、张新吾等一批实业家，成为闻名于全国火柴业界的头面人物。

丹华火柴厂职工住宅为砖木结构建筑，由南、北两院组成。

2020 年 1 月 19 日，经红桥区人民政府公布为红桥区文物保护单位。

● 丹华火柴厂职工住宅全景

名称：解放天津战役烈士墓
年代：1949 年
地址：天津市红桥区北辛庄陵园路
保护级别：天津市红桥区文物保护单位

解放天津战役烈士墓

🔵 解放天津战役烈士墓纪念碑

解放天津战役烈士墓位于天津市红桥区北辛庄陵园路。1949 年 3 月，为了纪念在解放天津战役中牺牲的烈士，中国人民解放军 39 军 115 师在原北辛庄修建了 5 个合葬烈士墓，安葬了 115 师 500 名烈士遗体，并修建"中国人民解放军第 39 军 115 师天津战役阵亡将士纪念碑"。1958 年经市政府批准，扩建为烈士陵园，并建象征性烈士墓、纪念塔、3 个纪念馆和纪念碑。曾任天津市市长的李耕涛书写"中国人民解放军等解放战争英雄纪念碑"碑文。下方刻 39 军军史，命名为"红桥区解放陵园"，并于 1978 年正式开放。1982 年更名为"天津市烈士陵园"。1985 年，调为天津市民政局直属单位，并改建竹林园。中轴线由南向北依次建有天津战役西营门突破口遗址纪念碑和解放战争英雄纪念碑。碑以花岗岩砌筑，台基正方形，周置石雕望柱栏杆，下为须弥座，上为方形碑身。

2020 年 10 月 12 日，经红桥区人民政府公布为红桥区文物保护单位。2021 年 2 月 10 日，经天津市文化和旅游局（天津市文物局）公布为天津市第一批不可移动革命文物。

◖ 解放天津战役烈士墓纪念碑正面

◖ 解放天津战役烈士墓纪念碑俯视

◖ 解放天津战役烈士墓纪念碑

南开区段

南运河南开区段西起密云桥，东至南运河津河交口处，全长 1.78 公里。南运河南开区段始于曹操开凿平虏渠，金代晚期起成为向燕京运粮的漕渠，元代成为大运河的一部分。元、明、清三代南粮北调，内河漕运皆经此转输北京。南运河南开区段是南开区与红桥区的界河，既是天津发祥地之一，也是天津城市发展史的重要见证。

南运河南开区段沿线分布有全国重点文物保护单位：天后宫、天津广东会馆；天津市文物保护单位：玉皇阁、文庙、徐朴庵旧居、基督教青年会旧址、基督教会仓门口堂；南开区文物保护单位：南门内四合院、官立模范两等小学堂旧址、北门内孙氏旧宅、卞家大院。

◐ 南运河南开区段

◐ 南运河南开区段

◐ 大运河保护标志

名称：天后宫

年代：明代至清代

地址：天津市南开区古文化街 80 号

保护级别：全国重点文物保护单位

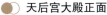 天后宫大殿正面

天后宫位于天津市南开区古文化街 80 号，初建时称为天妃宫，宫名来自元至元十八年（1281）"护国明著天妃"的封号。因与河东大直沽天妃宫（东庙）东西对应，亦称西庙。后据清康熙二十三年（1684）朝廷敕封海神娘娘"护国庇民昭灵显应仁慈天后"的封号，天妃宫从此改称天后宫，俗称娘娘宫。

天后宫始建于元泰定三年（1326），明永乐元年（1403）重建。明清两代屡加修葺、重建和增建。民国初年，废庙兴学，天后宫内西南角曾设"第一乙种商业学校"，1939 年改为天后宫学校，后宫内逐渐颓败，直至破烂不堪。1985 年经过修缮建立天津民俗博物馆，向社会开放。

天后宫占地面积 5350 平方米，建筑面积 2233 平方米。庙宇坐西朝东，面向海河，沿中轴线自东向西依次有戏楼、幡杆、山门、牌楼、前殿、大殿、藏经阁、启圣祠。两侧配以钟楼、鼓楼、关帝殿、财神殿、其他配殿及过街楼张仙阁等建筑构成。其中幡杆、山门、大殿、藏经阁、启圣祠、张仙阁、钟鼓楼均为原有建筑。山门为砖木结构，歇山青瓦顶。墙体正中为圆形拱门。门额以整砖镌刻"敕建天后宫"五个字。清乾隆十四年（1749）重建，山门两侧分别开设矩形便门各 1 座。大殿是天后宫的主体建筑，平面呈凸字形。面阔三间，庑殿顶，前后均出卷棚抱厦，正面 3 间，背面 1 间，称为凤尾殿。大殿梁架和斗栱仍为明代原构，整座建筑具有明显的明代建筑风格。张仙阁是过街楼形式，横亘在古文化街上，屋顶前厦后殿作勾连搭，颇具特色。

天后宫建筑规模庞大，气势雄伟壮观，堪称"津门第一庙"，是海内外规模和影响较大的天后宫（妈祖庙）。天津南、北运河与海河交会的三岔河口地区是天津城市发展的摇篮。金代在此建直沽寨，元时称海津镇，在三岔河口西岸敕建天妃宫。自此这里舟车悠汇，聚落始繁。明永乐二年（1404）设卫筑城，城址在天妃宫迤西二百步之遥。因此在天津有"先有天后宫，后有天津卫"之说，天后宫见证了天津城市的建立和发展。

天后宫是元明清三代漕运中漕丁、渔夫等祭祀海神、祈求平安的场所。后逐渐形成了以天后为主神的群神相处的庙宇。它见证了天津城市发展与妈祖信仰传播的历史，至今仍是天津民俗文化和商业贸易中心之一。

1982 年 7 月 9 日，经天津市人民政府公布为第一批天津市文物保护单位。2013 年 3 月 5 日，经国务院公布为第七批全国重点文物保护单位。

● 天后宫后殿

● 天后宫大殿侧面

● 天后宫全景

天后宫大殿梁架及彩画

天后宫前殿内部梁架及彩画

天后宫崇圣祠

天后宫前殿内部梁架

天后宫鼓楼

● 天后宫牌坊

● 天后宫山门

● 天后宫前殿

● 天后宫戏楼

● 天后宫钟楼

天津广东会馆

名称：天津广东会馆
年代：1903 年
地址：天津市南开区南门内大街 31 号
保护级别：全国重点文物保护单位

● 天津广东会馆门厅正面

天津广东会馆位于天津市南开区南门内大街 31 号，始建于清光绪二十九年（1903），由天津海关道唐绍仪、英商怡和洋行买办梁炎卿等 44 名旅津粤籍人士捐资白银九万多两，历时四年修建而成。原占地面积二十三亩三分五厘一毫（约合 15000 平方米），现仅保留会馆主体建筑，占地二千多平方米，由四合院和戏楼组成。广东会馆建成后，为广帮在津祭祀、集会、娱乐提供了一处固定的场所。

天津广东会馆主体建筑平面呈长方形，南部为四合院，北部为戏楼，东西两侧为贯通南北的箭道。会馆正门南侧为砖砌照壁（20 世纪 50 年代被拆除）。正门为一座高大门厅，砖石结构，门额镌刻"广东会馆"四字。后檐明间设木质可敞开式屏门，上方高悬"岭海珠辉"四字木匾。广东会馆是天津市现存会馆建筑中规模最大、保存最完整的一座。采用我国传统的四合院砖木结构体系，融合南北方建筑手法，瓦顶和墙体为北方风格，内檐装修又具广东潮州特色，其建筑形制为我国会馆建筑少见。

戏楼是会馆的主体建筑，为一座二层楼的四合院，南侧为戏楼的后台上下两层，后台向北伸出舞台，不设天幕和边幕，仅在上、下场门挂刺绣门帘。特别是舞台吊顶采用悬臂结构，前台的两根柱子不落地，而作成垂莲柱（似垂花门）挑悬空中，以不遮挡观众视线，这在我国戏楼，包括皇家戏楼中都尚属罕见。会馆装修，以木雕为主，辅以砖、石雕刻，无一不精。戏台木雕为其精华所在，天幕正中镶嵌大幅"天官赐福"镂空彩色木雕，构图紧凑匀称，刀法娴熟细腻，堪称艺术杰作。北、东、西三面楼下为廊座，楼上辟为包厢，戏楼四角均设楼梯。整个建筑以青砖墙封护，戏楼内采用木结构。广东会馆的戏楼，以空间跨度大、结构巧妙、装修精美、演出音质效果良好著称。

广东会馆人文历史内涵丰富。会馆的创建与天津盐业、洋行和广帮商贸发展息息相关，为近代天津知名的戏剧演出场所。1912年9月20日，民主革命先驱孙中山先生曾在广东会馆戏楼发表演讲，发出了"我中国四万万同胞，同心协力，何难称雄世界"的呐喊。1919年8月13日邓颖超在此为难童做募捐义演，并在剧中女扮男装，演出话剧《安重根刺杀伊藤博文》。1925年，在中共天津地下党组织领导下，汇集印刷、纺织等二十几个行业的工人，在广东会馆成立总工会。1985年广东会馆辟为天津戏剧博物馆，戏楼作为演出场所，曾有孙菊仙、杨小楼、尚小云、荀慧生等著名表演艺术家在此献艺。

1982年7月9日，经天津市人民政府公布为第一批天津市文物保护单位。2001年6月25日，经国务院公布为第五批全国重点文物保护单位。

● 广东会馆戏楼内景

● 广东会馆戏楼内戏台

⬭ 广东会馆木雕细部之一

⬭ 广东会馆木雕细部之二

⬭ 广东会馆木雕细部之三

⬭ 广东会馆木雕细部之四

⬭ 广东会馆木雕细部之五

⬭ 广东会馆木雕细部之六

⬭ 广东会馆戏台藻井

广东会馆前厅内景

广东会馆前厅外檐

广东会馆戏台天幕"天官赐福"木雕

广东会馆天官赐福细部

广东会馆戏楼梁架仰视

名称：玉皇阁

年代：明代宣德二年（1427）

地址：天津市南开区东门外玉皇阁大街 12 号

保护级别：天津市文物保护单位

玉皇阁

⬤ 玉皇阁

玉皇阁位于天津市南开区东门外玉皇阁大街 12 号，海河西岸，古文化街北侧。该建筑群始建于明初，宣德二年（1427）重建，历经明、清多次重修。阁内外原有旗杆、牌楼、山门、前殿、清虚阁、三清殿、钟鼓楼、八卦亭和南、北斗楼等，明清两代每年农历正月初八在这里举行"祭星"，重阳节举行登高、"攒斗"等活动。现仅存主体建筑清虚阁一座，梁架结构具明代风格，是天津市区现存年代最早的木结构楼阁。

现清虚阁占地面积 297 平方米，建筑面积 285 平方米。台基以砖石砌筑，高 1.35 米，正中设踏踩九级。阁分上下两层，底层面阔五间，进深四间。上层面阔三间，进深二间，四周出廊，以方形檐柱、宝瓶式栏杆围绕，可登临凭栏远眺。屋顶为九脊歇山顶，黄琉璃瓦绿剪边。阁内原供奉道教神祇牌位，现仅存明代玉皇铜像一尊。阁顶前檐下悬有清康熙四十年（1701）秋，恭亲王常宁书"清虚阁"匾额一方。

1982 年 7 月 9 日，经天津市人民政府公布为第一批天津市文物保护单位。

⬤ 玉皇阁

　玉皇阁侧面

　玉皇阁夜景

　玉皇阁椽头及檐下彩画

　玉皇阁垂脊和垂兽

　玉皇阁正吻拒雀一

　玉皇阁正脊拒雀二

玉皇阁二层吻兽二

玉皇阁二层吻兽一

玉皇阁二层栏杆

玉皇阁宝瓶栏杆

玉皇阁翼角

● 阁内明间

● 玉皇阁匾额

● 玉皇阁一层内景

● 玉皇阁正立面

● 阁内玉皇像

名称： 文庙

年代： 明代正统元年（1436）

地址： 天津市南开区东门内大街 2 号

保护级别： 天津市文物保护单位

● **大成殿**

文庙位于天津市南开区东门内大街 2 号。文庙又名孔庙，是旧时奉祀孔子的庙宇，也是天津学宫所在地，因与祭祀历代名将的武庙相对，故称为文庙。该建筑始建于明正统元年（1436），由当时的天津左卫指挥使朱胜舍宅兴建。初建起来的并非真正意义上的文庙，而是天津卫学。清雍正三年（1725）天津改卫为州，雍正九年（1731）又升州为府，文庙建筑才逐渐落成，并经明清先后修缮、增建，形成现在的规模。明清两代直至民国，每年春秋两季都在文庙举行祭孔大典，其中农历八月二十七日（即孔子诞辰）最为隆重。

现文庙由府庙（1436）、县庙（1734）及明伦堂（1673）三部分组成。府庙与县庙并列布局，明伦堂在府庙东侧，系供奉天津名宦、乡贤牌位之处所。文庙建筑群占地面积 12107 平方米，建筑面积 3243 平方米，是天津现存规模较大的宫殿式建筑群。庙前东西两侧建两柱三楼式过街木构牌楼各一，额题"德配天地""道冠古今"。其中，府庙由牌坊、万仞宫墙、泮池、棂星门、大成门、大成殿和崇圣祠组成。大成殿为府庙建筑群中最重要的单体建筑，其面阔七间（26.6 米），进深三间（11.7 米），砖木结构，单檐九脊歇山顶上置黄琉璃瓦。殿前设月台，上置白石望柱栏板，台前设踏跺和御路。

文庙是天津府学和县学所在地，经历代扩建修缮以成现今的格局。天津置卫、升州、升府的历程，也是文庙的建筑规模扩大和影响力提升的过程，且与天津城市发展历程关系密切。

1982 年 7 月 9 日，经天津市人民政府公布为第一批天津市文物保护单位。

● 文庙棂星门

● 府庙大成殿内檐匾额

● 县庙大成门

● 府庙大成殿彩画

● 大成殿斗栱及枋心

大成殿正吻

配殿正吻之一

府庙大成殿垂兽

配殿正吻之二

泮池石栏板

大成殿翼角

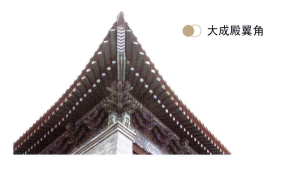

大成门垂脊

⬤ 礼门义路牌坊

⬤ 礼门义路牌坊檐下斗栱

⬤ 礼门义路牌坊檐下斗栱及枋心彩画

名称：徐朴庵旧居

年代：民国

地址：天津市南开区东门里大街 202 号

保护级别：天津市文物保护单位

徐朴庵旧居

徐朴庵旧居门楼

徐朴庵旧居坐落于天津市南开区东门里大街 202 号（现鼓楼东街），建于民国初年，由麦加利银行天津分行的第一任买办徐朴庵，耗资十万两白银购地建造。1946 年徐朴庵去世，次年该房产被卖出。

该建筑采用坎宅巽门的平面布局，即整体坐北朝南，门楼位于大院东南角。大院由中部三进四合院、东西两箭道及东西两跨院构成，砖木结构，占地面积 1920 平方米。其中，一道院正房、厢房各面阔三间，进深一间。三道院正房面阔五间、进深一间，厢房各面阔三间、进深一间。一、三道院之间由不规则二道院相连。整座建筑墙体磨砖对缝，做工精细，为中国传统小式作法。墙檐下保存大量砖雕纹饰，做工精美，纹饰丰富，颇多吉祥寓意，如"松鼠葡萄""白猿献寿""五福捧寿""四季平安""鹿鹤同春"等，堪称砖雕工艺杰作。

徐朴庵旧居是天津老城区内规模较大，保存较完整的近代民居建筑。

2013年1月5日，经天津市人民政府公布为第四批天津市文物保护单位。

● 徐朴庵旧居东箭道

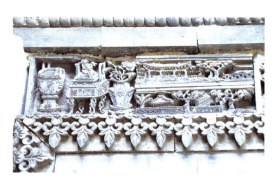

● 徐朴庵旧居砖雕

● 徐朴庵旧居六角窗

● 徐朴庵旧居影壁

● 徐朴庵旧居三道院

● 徐朴庵旧居院落

● 徐朴庵旧居影壁

名称：基督教青年会旧址
年代：1914 年
地址：天津市南开区东马路 94 号
保护级别：天津市文物保护单位

基督教青年会旧址

基督教青年会旧址

基督教青年会旧址位于南开区东马路 94 号。基督教青年会，简称"青年会"，由北美协会来会理于 1896 年创办。该建筑建成于 1914 年 10 月 16 日，建成后作为基督教青年会办公地。1919 年，曾作为天津"五四"爱国游行群体的集聚地。

基督教青年会旧址坐西朝东，砖木结构三层带半地下室，占地面积 1000 平方米。建筑平面呈正方形，出入口临东马路，入口处设台阶，两侧饰多立克壁柱，门额上有"青年会"字样。外檐墙体以红色缸砖砌筑，平屋顶，四面出檐，门窗开阔，外檐简洁。地上一层前厅宽敞，后部有室内篮球场和剧场。室内篮球场四周筑环绕看台，是按国际标准设计，规范合理。剧场曾举办奥运会演讲。地上二、三层设"德、智、体、群"等分部。

基督教青年会旧址是中国第一个城市青年会的物质空间载体，是爱国运动的集会场所，亦是中国篮球运动的发源地、天津乒乓球运动诞生地及奥林匹克精神传入中国的第一站。

2013 年 1 月 5 日，经天津市人民政府公布为第四批天津市文物保护单位。2021 年 2 月 10 日，经天津市文化和旅游局（天津市文物局）公布为天津市第一批不可移动革命文物。

● 基督教青年会旧址窗口

● 基督教青年会旧址门口细部

● 基督教青年会旧址局部

● 基督教青年会旧址正立面

基督教青年会旧址正立面局部

基督教青年会旧址侧立面

● 基督教青年会旧址一楼楼梯入口处

● 基督教青年会旧址二楼楼道

● 基督教青年会旧址三楼楼梯拐角处

● 基督教青年会旧址保护标志

名称：基督教会仓门口堂

年代：1910 年

地址：天津市南开区鼓楼东街（原东门内大街 186 号）

保护级别：天津市文物保护单位

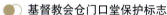

● **基督教会仓门口堂保护标志**

基督教会仓门口堂

　　基督教会仓门口堂位于天津市南开区鼓楼东街（原东门内大街 186 号），是由天津基督教自立会集资筹建的教堂，于 1910 年 10 月 19 日建成。圣堂原临街而建，随着教会日益壮大，于 1934 年对圣堂进行了重新翻建，移至院落后部。

　　天津基督教自立会于 1910 年 6 月创办，是华北地区第一座由华人自立、自养、自传的"三自"爱国教会，多年来在传道授业、蒙养赈济和近代历次爱国运动中均有突出表现。

　　现基督教会仓门口堂整体建筑坐北朝南，由门楼、配房和圣堂等建筑组成，占地面积 1241 平方米，建筑面积 1126 平方米。圣堂为二层砖木建筑，青砖外墙，瓦楞铁屋顶，造型别致，可容纳四百余人听经。院内配房多为二层楼房，临街建有副堂一间，可坐五六十人，用作对外布道。教堂房屋建筑全部为砖木结构，门窗高大。

　　2013 年 1 月 5 日，经天津市人民政府公布为第四批天津市文物保护单位。

基督教会仓门口堂圣堂讲台

基督教会仓门口堂圣堂内景

基督教会仓门口堂正立侧视

基督教会仓门口堂正立面

基督教会仓门口堂门楼

基督教会仓门口堂门楼

基督教会仓门口堂圣堂

名称: 南门内四合院

年代: 1915 年

地址: 天津市南开区鼓楼南街 30 号

保护级别: 天津市南开区文物保护单位

南门内四合院

⬤ 南门内四合院

南门内四合院位于天津市南开区鼓楼南街 30 号,建于 1915 年。

该四合院坐西朝东,现存建筑为二进四合院,砖木结构,硬山瓦顶。南北两侧设箭道,大门位于中轴线上。过厅面阔五间,进深一间。后院正房面阔五间,进深一间。前后院南北厢房均面阔三间,门窗饰木制镂空雕花楹条。

南门内四合院位于老城厢历史文化街区内,现为天津格格府典藏博物馆,在当今仍发挥着办公、旅游等重要作用,具有较高的社会和文化价值。

2013 年 8 月 12 日,经南开区人民政府公布为南开区文物保护单位。

⬤ 南门内四合院门楼背面

⬤ 南门内四合院一道院院内

⬤ 南门内四合院一道院北侧厢房

名称：官立模范两等小学堂旧址

年代：1906 年

地址：天津市南开区西门内中营前街 2 号

保护级别：天津市南开区文物保护单位

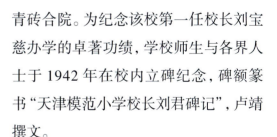

官立模范两等小学堂旧址

官立模范两等小学堂旧址位于南开区西门内中营前街 2 号。校址历史上曾为兵营，建于明成祖年间。1906 年改建为天津官立模范两等小学堂，是天津早期设立的小学堂之一。因其位于原西门内中营前街，故亦称中营小学。

该校舍占地面积约 30 亩，建筑面积约 15000 平方米。南北三进院落并排建有教室 18 间，东西两个跨院曾为办公室、仪器室、图书室、备课室等附属房间，所有房屋环廊相连接能避雨雪。廊间空地为青砖铺地。前楼为欧洲古典主义风格，庄严肃穆。后院为带券窗的青砖合院。为纪念该校第一任校长刘宝慈办学的卓著功绩，学校师生与各界人士于 1942 年在校内立碑纪念，碑额篆书"天津模范小学校长刘君碑记"，卢靖撰文。

官立模范两等小学堂的建立开创了天津乃至全国义务教育的先河，培养出了刘子久、任仲夷、卞慧新、朱宪彝等一批社会各界知名人才，现学校仍为南开区重点小学和天津市义务教育、素质教育示范学校。

2013 年 8 月 12 日，经南开区人民政府公布为南开区文物保护单位。

● 官立模范两等小学堂旧址教室外景

● 官立模范两等小学堂旧址东南侧

● 官立模范两等小学堂旧址教室连廊

名称：北门内孙氏旧宅

年代：民国

地址：天津市南开区北门内大街 70 号（现鼓楼北街和城厢中路交口）

保护级别：天津市南开区文物保护单位

北门内孙氏旧宅

北门内孙氏旧宅

北门内孙氏旧宅位于原天津市南开区北门内大街 70 号（现鼓楼北街和城厢中路交口），原为德商德孚洋行买办孙世泽旧宅。孙世泽于 1928 年在北门里购得中式四合院一座及房后空地 10 余亩，于 1932 年加建后院楼房，包括一座主楼和若干附属楼房、平房等，还有一处带西式凉亭的花园。

现后院主楼为主体二层，局部三层的砖木结构楼房，有典型的德式圆屋顶。外墙为青砖清水墙面，设圆窗及大小不同的方窗，门窗造型部分采用拱形元素，使建筑立面富于变化。立柱和栏杆均饰以精美雕刻。室内做木地板、木楼梯。

该建筑装饰丰富，细部精致，是一处富有特色的中西合璧式建筑。

2013 年 8 月 12 日，经南开区人民政府公布为南开区文物保护单位。

北门内孙氏旧宅后院主楼二楼东侧

北门内孙氏旧宅后楼首层

北门内孙氏旧宅后院主楼楼梯

北门内孙氏旧宅后院凉亭

北门内孙氏旧宅小花园俯拍

名称：卞家大院

年代：1914 年

地址：天津市南开区北门里沈家栅栏 3 号（现鼓楼北街）

保护级别：天津市南开区文物保护单位

卞家大院

● 卞家大院

卞家大院位于天津市南开区北门里沈家栅栏 3 号（现鼓楼北街），由卞家第七代传人于民国三年（1914）置地修建。宅院毗邻里巷皆以卞家大墙、卞家前胡同、卞家小胡同命名。该院门楼坐北朝南，原大院由七进四合院和东西两侧箭道、跨院组成，现仅存第二道院局部。

现卞家大院由正房、过厅、配房组成，占地面积 364 平方米。砖木结构，硬山瓦顶。正房、过厅面阔五间。配房面阔三间，前檐大部出廊。砖砌影壁、木构门楼及各院门窗、隔扇等，皆施雕饰，工艺精致。南房有地窖。卞家大院整体建筑布局严谨，内外装修富丽堂皇，保存较好。

卞家大院作为典型的天津传统民居建筑，其建筑工艺考究，至今仍保留大量彩绘及寓意四季吉祥的砖雕、木雕，具有较高的艺术价值。

2013 年 8 月 12 日，经南开区人民政府公布为南开区文物保护单位。

🟤 卞家大院垂花门楼

🟤 卞家大院东配房北山墙砖雕

🟤 卞家大院房山细部

西青区段

南运河西青区段从西青辛口镇大杜庄到西营门街密云路桥，全长约 34 公里，途经辛口镇、杨柳青镇、中北镇、西营门街，原为汉建安十一年（206）曹操开凿的平虏渠的一部分。金章宗泰和五年（1205）改凿运河，实行潞水通漕，成为漕运要道。元代成为京杭大运河一部分。

南运河西青区段沿线分布有全国重点文物保护单位：石家大院；天津市文物保护单位：安家大院、安氏家祠、董家大院、平津战役天津前线指挥部遗址、文昌阁。

● 南运河西青区段辛口镇

● 南运河西青区段杨柳青镇

● 南运河西青区段中北镇

名称: 石家大院

年代: 清代

地址: 天津市西青区杨柳青镇估衣街 47 号

保护级别: 全国重点文物保护单位

石家大院

● 石家大院全景鸟瞰

石家大院位于天津市西青区杨柳青镇估衣街 47 号南运河北岸、御河桥西。始建于清光绪初年（1875）。由津西首富石元仕及其兄长石元俊精心设计构筑，是石氏家族乃至天津盐商八大家兴衰历史的缩影。

石家大院坐北朝南，占地 7500 平方米，共有房屋 200 余间。院落平面布局呈长方形，南北长，东西短。为典型的天津"四合套"格局，中间为箭道，将建筑群分成东西两部分。东侧为五进四合院，主要为主人居住区；再东为东跨院，由三进院落组成，为女佣居住和车马出行区；西侧以戏楼为主，另有佛堂院、花厅院、游廊院等，再西为西跨院和石府花园。

戏楼处于整个宅院中心位置，建筑面积 410 平方米，长 33.3 米，宽 12.3 米，最高处 9 米，立柱 54 根。布局为南北两个双脊大厅与中间一个大厅联在一起。厅内的雀替、隔扇、柱头等木雕和台阶、基石上的石雕装饰，极为考究。当年著名京剧表演艺术家孙菊仙、余叔岩、龚云甫等人曾在此唱过堂会。戏楼建筑结构设计巧妙，有地炉取暖设施。

石家大院整座建筑用材考究，做工精细，其建筑工程均为青石高台、磨砖对缝，院内的排水、取暖等设施完善。房屋结构均为抬梁式木构架建筑，以砖砌实墙、隔扇来围护分隔空间，各院落纵向、横向分布，以围墙封闭，并画栋雕梁、花棂隔扇油漆彩绘。院内大部分的门楼设计巧妙，别具匠心。木雕题材多样，独具特色，有许多杨柳青年画内容，刻工细致、精美。青石细腻如玉，除抱鼓门墩外，连踏步侧面都刻有回纹图案。整座建筑上的砖木石雕装饰不但纹样繁缛、古朴典雅、刻工精致，而且寓意极其丰富、巧妙。

1991 年 8 月 2 日，经天津市人民政府公布为第二批天津市文物保护单位。2006 年 6 月 10 日，经国务院公布为第六批全国重点文物保护单位。

● 石家大院全景俯拍

● 石家大院第一座院垂花门侧面

● 石家大院入口及围墙

● 石家大院正门

石家大院第三座垂花门石雕

石家大院边廊

石家大院垂花门

石家大院入口

● 石家大院戏楼

● 石家大院戏楼内景

名称：安家大院

年代：清代

地址：天津市西青区杨柳青镇估衣街 28 号

保护级别：天津市文物保护单位

安家大院

● 安家大院

安家大院位于天津市西青区杨柳青镇估衣街 28 号。始建于清同治年间，与石家大院北门相对。

宅院主人安文忠，字荩臣，生于清咸丰二年（1852），卒于 1942 年，是杨柳青镇"赶大营"的第一人。他十六岁即随军西行万里，途经一百五十三站，肩挑扁担为官兵提供日用品。在安文忠的带动下，杨柳青的货郎们形成了庞大的天津赶大营商帮，促进了当地经济的繁荣，增进了民族的团结。安文忠也因此成为杨柳青赶大营的三千户人家向贫穷命运挑战并最终发家致富的典范。

安家大院为砖木结构，小式硬山做法。由二进四合院组成。前院由南、北房各八间和东西厢房组成，院内有内门与后院相通。正门楼等处砖雕精美，厢房为拱券式门窗做法，颇具特色。此外，院内保留有安家当年地窖和 20 世纪 60 年代的战备地道。安家大院曾作为民居和机关办公使用，其间拆改了院内部分房屋。2004 年由私人购买，进行修缮，举办"赶大营"展览和个人收藏展，对观众开放参观。

安家大院整体保存了北方大院的建筑特色，同时在细部做法上采用了具有地方特色的建筑手法，为研究天津市杨柳青民居建筑提供了实物佐证。

2013 年 1 月 5 日，经天津市人民政府公布为第四批天津市文物保护单位。

 安家大院院内影壁

安家大院院内影壁

安家大院地窖入口

安家大院精美砖雕

◐ 安家大院正门

◐ 安家大院厢房

◐ 安家大院北房

◐ 安家大院厢房

● 安家大院院落建筑外景

● 安家大院北房

名称：安氏家祠

年代：清代

地址：天津市西青区杨柳青镇估衣街施医局胡同 2 号

保护级别：天津市文物保护单位

 "安氏家祠记"碑

安氏家祠位于天津市西青区杨柳青镇估衣街施医局胡同 2 号，原系安文忠于民国二十四年（1935）购得的一处清代民居，充作家祠，用以祭祀祖先。

安文忠（1852—1942），字荩臣，是杨柳青人到新疆"赶大营"的首倡者。安氏祠堂为一路两进四合院，占地 631 平方米。整座建筑分为南北两个院落，布局相同，中间有穿堂，共由 24 间房屋组成，建筑形式均采用小式硬山做法。正房为面阔五间，七檩前出廊。三座配房也为布瓦屋面。所有房屋明间采用四扇五抹隔扇门，次间和稍间下部为海棠池式槛墙，上部为支摘窗，地面为仿古青砖做法，体现了古朴雅致的风格。东南角开一金柱大门，门内有"一字影壁"一处，院内西北角有民国二十三年（1934）王人文记、戴文熙书"安氏家祠记碑"一通，主要记述了安文忠的生平及改建家祠的初衷，原文载："……辄嘅然以族谱虽已粗定，家祠尚未期成，无以妥先灵为憾。决于明春三月，将自购杨柳青施医局胡同瓦房一院，改建家祠。拟定向北正房三楹，以奉祀历代宗祖；配房二楹，为岁时祭祀族众集合会餐、祭馀及保存族谱、收贮文物之室。粗具规模，不求崇丽，示后世以俭。"安氏家祠是杨柳青镇的传统民居，是民间建造工艺的重要载体。

2013 年 1 月 5 日，经天津市人民政府公布为第四批天津市文物保护单位。

● 安氏家祠正门

● 安氏家祠的影壁

● 安氏家祠第一进院落

● 安氏家祠院落

● 安氏家祠第二进院落

名称: 董家大院
年代: 清代
地址: 天津市西青区杨柳青镇八街猪市大街 19 号
保护级别: 天津市文物保护单位

董家大院

● **董家大院西厢房**

　　董家大院位于天津市西青区杨柳青镇八街猪市大街 19 号,始建于清光绪三年(1877),由董兆荣修建。

　　董氏祖上迁至杨柳青,经营银号、粮栈斗店,号聚德、裕盛,为杨柳青八大家之一,家族生意兴隆且为爱国人士。民国期间家中子弟董绍良、董绍康求学深造并从事高等教育工作,为杨柳青乃至天津市教育事业做出了贡献。

　　董家大院占地面积 1200 平方米,建筑面积 686 平方米。建筑采用轴线对称式布局,五间两进双跨四合院建筑,整个建筑均采用小式硬山做法。门楼入口处为高台阶,左右设抱鼓石狮。

● **董家大院正门**

正房为布瓦屋面，清水脊，侧房为马鞍脊。其中，东侧第二进院保存最为完整，是董家大院建筑中的精华部分。室内露明造，角背雕花，后檐心间设一推拉门通向房后过道，所有窗心有木雕花牙，建筑采用青石台明、青石陡板，砖雕透气孔。墀头砖雕精美。其中的砖雕栏板围墙、山尖花、连架门为杨柳青地区现存的孤例。董家大院的建筑布局、装饰方式既有北方传统合院的显性特征又兼具南方民居的灵动，与杨柳青独特的南北交融的运河文化有着密不可分的关系，是清代杨柳青镇运河文化的重要佐证。

2013 年 1 月 5 日，经天津市人民政府公布为第四批天津市文物保护单位。

● 董家大院砖雕细部

● 董家大院砖雕细部

● 董家大院院落

● 董家大院砖雕博缝头

● 董家大院砖雕

● 董家大院中轴线箭道

◐ 董家大院窗棂

◐ 董家大院南房梁架

名称：平津战役天津前线指挥部遗址

年代：1949 年

地址：天津市西青区杨柳青镇十一街药王庙东大街 4 号

保护级别：天津市文物保护单位

平津战役天津前线指挥部遗址

● 平津战役天津前线指挥部遗址

平津战役天津前线指挥部遗址位于天津市西青区杨柳青镇十一街药王庙东大街 4 号。原为杨柳青"戴记钱铺"旧址，1948 年 12 月 30 日，经过平津战役总前委同意，将天津战役前线指挥部设于此，开国上将刘亚楼曾在此指挥作战。

该建筑为北方传统的四合院形制，由正房、东西厢房、倒座组成，占地面积 384 平方米。建筑坐北朝南，抬梁式结构，青砖砌墙。正房五间，东西厢房各三间，倒座四间，影壁一处。有一座砖筑月亮门将倒座与正房、东西厢房隔开，形成院中有院的布局。

天津战役是一次关键性的大规模

● 肖劲光大将题词

城市攻坚战，亦是平津战役的重要组成部分。天津战役的胜利，展示了解放军强大的军事实力，创造出一个"天津方式"（即使用战争的方法，在短时间内彻底消灭反动派军队，完整地解放大城市），促进了北平的和平解放以及整个华北地区的解放。

1962年，平津战役天津前线指挥部遗址被当时的河北省政府核定为河北省文物保护单位。1982年7月9日，天津市人民政府又将其重新公布为第一批天津市文物保护单位。1984年修缮后辟

作陈列馆，门口上方的"平津战役天津前线指挥部旧址陈列馆"由肖劲光大将题写。2021年2月10日，经天津市文化和旅游局（天津市文物局）公布为天津市第一批不可移动革命文物。

● 平津战役天津前线指挥部遗址院落

● 平津战役天津前线指挥部遗址院落

● 平津战役天津前线指挥部遗址正立面

● 平津战役天津前线指挥部遗址内外院

● 平津战役天津前线指挥部遗址院落

平津战役天津前线指挥部遗址室内

刘亚楼使用过的皮箱

平津战役天津前线指挥部遗址室内

名称：文昌阁

年代：清代

地址：天津市西青区杨柳青镇元宝岛东岛

保护级别：天津市文物保护单位

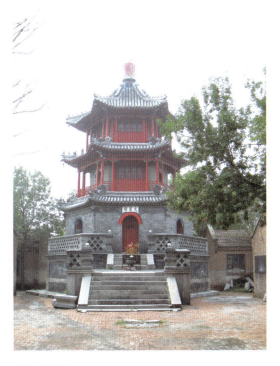

文昌阁正面

文昌阁位于天津市西青区杨柳青镇元宝岛东岛，始建于明万历四年（1576），由津门锦衣卫高姓集资兴建。崇祯七年（1634），柳口（杨柳青的早年称谓）士庶梁沛龙等人重建。清咸丰十年（1860）、民国三十年（1941）重修，后多次进行修缮。阁内原奉祀"文昌帝君"像，因而得名"文昌阁"。清光绪四年（1878），刘光先、石元俊等人在文昌阁院内创立崇文书院，每月两课，生童近百人。

文昌阁是一座楼阁式建筑，阁下层为砖石砌筑的六边形基座，前出高大的月台。阁身分三层，每层出檐，阁顶为六角攒尖顶。首层以砖墙封护，呈封闭型空间，北面出入口设券门，门上镶大面石额书"文昌阁"三字，阁内供奉朱衣神君像。二层为外廊式，正面施隔扇，其余各面均为砖墙封护，墙上开圆形和八角形透窗，廊周施木栏，阁内供文昌帝君。三层也为外廊式，内供魁星，六面均开设槅扇门窗，可登临远眺运河风光。二、三层的转角斗栱出象鼻。阁顶为六角攒尖式，顶置宝珠，六条垂脊下端安放垂兽、小兽和仙人，上端与宝珠接合部位均装吞脊兽，结构灵巧、造型别致、飞檐高翘、螭卧架头，檐角各坠铜铃，风吹作响。阁内顶部正中嵌一木板，其上绘有太极图及乾、坎、艮、震、巽、离、坤、兑八卦的爻象。梁架上钉有记载历次修葺的千秋带多条，为研究阁之沿革提供了重要的文献和实物佐证。

文昌阁现今保存完好，是杨柳青三宝之一，是明、清时期杨柳青镇的文化和民俗活动中心，清时作为"崇阁朦雨"被列入杨柳青十景。阁内各层供奉的朱衣神君、文昌帝君和魁星是古代文人学士崇祀的人物和神星，其为研究杨柳青地区教育发展史提供了重要的实物依据。

1991 年 8 月 2 日，经天津市人民政府公布为第二批天津市文物保护单位。

● 文昌阁顶部

● 文昌阁脊饰

● 夕阳下的文昌阁

文昌阁首层入口

● 文昌阁翼角

● 文昌阁顶内部

静海区段

南运河静海区段南起天津市与河北省交界处的梁官屯村，北至独流镇的十一堡节制闸，河道全长49公里，流经6个乡镇，一百一十余个村庄。南运河静海区段河堤顶宽约8米，高约5米，沿线原有双塘、静海、独流等渡口。

南运河静海区段沿线分布有天津市文物保护单位：九宣闸、唐官屯火车站、西钓台古城址、独流木桥、张官屯窑址。静海区文物保护单位：曹村大佛寺遗址、明代张简墓地、独流侯氏民居、元蒙口沉船遗址。

● 南运河静海区段

● 南运河静海区段

名称：九宣闸

年代：清代

地址：天津市静海区唐官屯镇靳官屯村南

保护级别：天津市文物保护单位

● 九宣闸全景

　　九宣闸位于静海区唐官屯镇靳官屯村南，马厂减河与南运河交汇处，南运河东侧，马厂减河西端。

　　九宣闸始建于清光绪七年（1881），初名"宣九闸"，取"宣泄九河"之意。扼守南运河和马厂减河的分流处，为马厂减河的枢纽工程，分泄南运河的洪水，经马厂减河导入海河。初建时地基高出南运河河床4尺。闸基底部铺布三合土，并用练锤夯实。闸基之上修建分水桥墩4座，以花岗岩石砌成。闸分5孔，闸板系木制，每块高1尺5寸，长1

丈8尺，视运河水势及减河需水情况提闸或落闸，水从板上漫流，致使南运河正流"顺轨而下"。提闸时，将闸板逐块撤出；落闸时，再逐块放入，称为"滚水坝"，这种闸板能把泥沙挡在闸外，利于定时清淤。该闸竣工后，李鸿章亲自撰写《南运减河靳官屯闸记碑》，碑文立于闸旁，盛赞其作用。此外，减河开通后，与静东、津南原有沟淀泊沟通，形成"阡陌纵横、河渠复绕"的水网地带，不利于兵马行军，因此对海防也不无裨益。民国七年（1918），因"宣九闸的旧

● 九宣闸背面

式闸板启闭失宜，有碍宣泄"，遂将分块闸板的滚水坝改为整块闸板的减水闸，易名为"九宣闸"。

九宣闸现总宽 12.4 米，全部由细加工块石砌成。其为开敞式结构，共分 5 孔，每孔高 5.8 米，宽 4.75 米，机架桥宽 3.8 米。闸门为平板钢闸门，设启闭机 5 台，由钢缆链接电动卷扬启闭。闸上有交通桥，长 43 米，宽 8.6 米，1975年更换钢筋混凝土板梁，铺沥青。

九宣闸自建立至今已逾百年，其间闸门虽然曾有数次改建，但全部基

● 修缮后的九宣闸

础及闸墩均系原物，保存完好。

2015 年前后，对九宣闸实施了保护修缮和环境整治工程。

2013 年 1 月 5 日，经天津市人民政府公布为第四批天津市文物保护单位。

九宣闸石雕

南运减河靳官屯闸记碑

京杭大运河天津市九宣闸

● 九宣闸局部

● 九宣闸局部

● 南运减河靳官屯闸记碑

名称：唐官屯火车站

年代：清代

地址：天津市静海区唐官屯镇军民南街

保护级别：天津市文物保护单位

唐官屯火车站

⬤ 唐官屯火车站

唐官屯火车站位于天津市静海区唐官屯镇军民南街，津浦铁路线西侧。始建于清光绪三十四年（1908），宣统二年（1910）建成使用。

该建筑坐东朝西，一层，长20米，宽10米，占地面积2000平方米。候车室为砖木结构马尾檐建筑，人字坡顶。红色板瓦，绿色门窗。门上方正中写有"唐官屯站"四个字。

唐官屯火车站作为津浦铁路在唐官屯镇设的重要站点，与天津西站、静海站、杨柳青站尉成系列。

2013年1月5日，经天津市人民政府公布为第四批天津市文物保护单位。

⬤ 唐官屯火车站

🔵 唐官屯火车站候车室

🔵 唐官屯火车站铁轨

名称：西钓台古城址

年代：西汉

地址：天津市静海区陈官屯镇西钓台村西北约 400 米

保护级别：天津市文物保护单位

西钓台古城址

西钓台古城址

西钓台古城址位于静海区陈官屯镇西钓台村西北约 400 米，为西汉时期古城址。

城址略呈方形，东西长 500 米，南北长 510 米。城垣夯筑，夯层厚 8—12 米。现城墙部分已被夷平，墙下压有战国地层。城内文化层厚 0.5—1.1 米，地表散布有大量建筑材料和陶片，并发现密集水井，有土井、砖井和陶井圈叠置的陶井三种。采集到卷云纹圆瓦当，绳纹板瓦，筒瓦，泥质灰陶绳纹瓦、盆、豆、甑，夹沙陶瓮等残片和"李柯私印"铜印一颗。西城墙上发现小型砖室墓一座。根据《水经注》所讲方位，此城址西

西钓台古城

汉为东平舒故城，城址西北部为宋钓台寨寨址，寨墙残高 0.5 米，略呈方形，南北长 170 米，东西宽 160 米，地表散布宋元瓷片较多，器型有碗，碟，盆等。

1982 年 7 月 9 日，经天津市人民政府公布为第一批天津市文物保护单位。

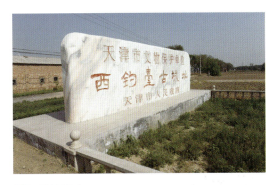

● 保护标志

● 西汉古城碑记

● 西钓台古城址西北角

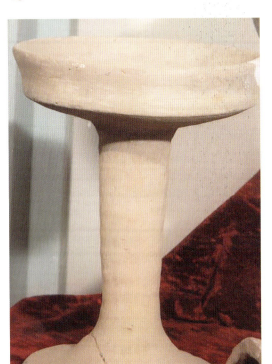

● 西钓台古城—陶豆

● 西钓台古城—井圈

● 西钓台古城—板瓦

名称: 独流木桥

年代: 民国

地址: 天津市静海区独流镇兴业大街

保护级别: 天津市文物保护单位

独流木桥

● 修缮后的独流木桥

独流木桥位于天津市静海区独流镇兴业大街,南运河上。该桥初建于日军占领时期(1937—1945)。据《静海县志》载,独流镇地处九河下梢,始兴于宋辽对峙期。明永乐二年(1404),屯田大兴,渐成集镇。因海河流域的子牙河、大清河、南运河三河汇集到此,合为一流,故名"独流"。独流木桥亦因此得名。

该桥为撑架式平桥,长31.8米,宽5米,共五跨,木质结构。两侧有护栏19根,材质为黄花松。桥面铺木板,下有桥桩4组。中间两组桥墩的迎水面,分别设置一组迎凌柱。

独流木桥是大运河天津段上唯一一座老木桥。

2013年1月5日,经天津市人民政府公布为第四批天津市文物保护单位。2021年,对独流木桥实施保护修缮。

● 独流木桥

名称：张官屯窑址

年代：明代

地址：天津市静海区陈官屯镇张官屯村南

保护级别：天津市文物保护单位

张官屯窑址

张官屯窑址地貌环境

张官屯窑址地貌环境

张官屯窑址位于天津市静海区陈官屯镇张官屯村南。建造及使用于明代，为明代河间府静海县和任丘县为营建北京城烧制城砖的官窑厂遗址。

张官屯窑址的分布范围为北至张官屯，南至吕官屯，西临大运河，东至张官屯村东土路，面积为 250000 平方米。初步考古勘探结果表明，该遗址现沿运河堤东侧集中残存砖窑 24 座，以及取土坑、水井、储灰坑、活动面等各类附属设施，基本构成了一个完备的城砖烧制体系。遗址内曾采集到印有铭文的城砖，其上可见"河间府静海县新庄""成化十七年六月初一日静""成化十九年任丘县窑厂造""弘治十四年任丘县"等字样。

张官屯窑址是目前发现的一处保存状况较为完整、史料记载明确的明代官窑城砖烧造地，为研究明清以来北京城营建的材料来源及生产运输等问题提供了重要依据，并为深入挖掘大运河文化带的丰富内涵提供实证。

2020 年 5 月 16 日，经天津市人民政府公布为第五批天津市文物保护单位。

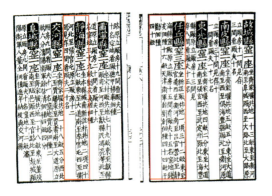

●《嘉靖河间府志》中关于静海县和任丘县官窑的记载

● 张官屯窑址采集的部分铭文砖

● 张官屯窑址内的考古勘探工作

● 张官屯窑址内砖窑窑壁的红烧土堆积

● 张官屯窑址内散落的残碎城砖

名称：曹村大佛寺遗址

年代：明代

地址：天津市静海区陈官屯镇曹村西约 1500 米

保护级别：天津市静海区文物保护单位

曹村大佛寺遗址

🔵 **曹村大佛寺遗址**

曹村大佛寺遗址位于静海区陈官屯镇曹村西约 1500 米，东临前进渠 500 米。据民国《静海县志》记载："大佛寺，在县南曹家疙瘩，内多铜像，高者约二丈，莲座周经丈余。莲瓣均有施者姓名，唯不知年月。相传为隋朝所建，吾邑唯一之古寺也。"该寺为旧时静海一大景观，被当地村民俗称"佛寺疙瘩"。清咸丰三年（1853）惜遭火焚，同治年间重修。"七七"事变后，寺院圮废，日渐坍塌，现仅存遗址。

该遗址表面平坦，高出地表约 1.5 米，现可分为上、下两级台地，下台地平面呈长方形，面积约 18000 平方米。上台地位于下台地的正中，平面亦呈长方形，面积约 4500 平方米。在上台地北面有条石露出地表，村民曾在此挖出过砖墙和大量条石。采集的遗物以建筑构件为主，青砖的尺寸均为长 40 厘米，宽 14 厘米，厚 17 厘米。瓷器见有龙泉青瓷、白釉褐花和青花瓷。1982 年，有关方面将寺内仅存的释迦铜像迎至天津市佛教大悲院供奉。

2011 年 3 月 31 日，经静海县人民政府公布为静海县文物保护单位，现为静海区文物保护单位。

● 曹村大佛寺遗址

● 原址上的曹村大佛（历史照片）

● 曹庄大佛寺遗址保护标志

名称：明代张简墓地

年代：明代

地址：天津市静海区良王庄乡白杨树村西，西距运河约 30 米

保护级别：天津市静海区文物保护单位

明代张简墓地

明代张简墓地

　　明代张简墓地位于静海区良王庄乡白杨树村西，西距运河约 30 米。该墓葬主人系静海杨成庄乡小寨村人张简。

　　张简，字易从，生于明世宗嘉靖十三年（1534），隆庆二年（1568）中进士，之后为官多年。其曾祖张荣，曾任典史，祖张玑，曾任训导，兄张范，曾任知县。

　　明代张简墓地原颇有规模，墓道内有石狮子两对，望天犼，石羊、石马，石人，石龟，并有碑刻一通。1966 年后，墓地无人管理，且遭严重破坏，大部分石雕被毁，保存较好的石人、石马和砸毁的部分石雕已埋于地下，附近尚存残缺石羊、石狮。现此墓葬已夷为平地，并建厂房。

　　2011 年 3 月 31 日，经静海县人民政府公布为静海县文物保护单位，现为静海区文物保护单位。

● 张简墓地周边现状

● 张简墓地勘探照片

名称：独流侯氏民居

年代：清代

地址：天津市静海区独流镇团结街村委会北侧侯家胡同

保护级别：天津市静海区文物保护单位

 独流侯氏民居

　　独流侯氏民居位于天津市静海区独流镇团结街村委会北侧的侯家胡同。建于清乾隆年间，原有94间房屋，10个住宅小院，为当时的静海大户侯家居住。

　　据传侯家曾是静海县的首富，在鼎盛时期，除拥有大量土地外，在独流、静海、杨柳青、天津等地开有商号，侯家最大的字号是独流"天聚兴"油房。此外还培养出了许多名人。侯氏家族第九世传人侯秉衡，生于清同治四年（1865），师承国画大师任伯年，擅画花鸟，在华北地区有较大影响，其后世侯瑞云、女画家侯幼珍、善画花鸟墨菊的侯增焕和善画"老人像"的侯彩文均颇有造诣。

　　民国时期，侯家迁往天津，侯氏民居在20世纪60年代被毁。现侯氏民居仅存住房4间，进深3.3米，长12米，砖木结构，硬山瓦顶，门窗作木质镂空雕花。

　　2011年3月31日，经静海县人民政府公布为静海县文物保护单位，现为静海区文物保护单位。

● 独流侯氏民居窗户雕花

● 独流侯氏民居窗户雕花

● 独流侯氏民居

● 独流侯氏民居

名称： 元蒙口沉船遗址

年代： 宋代

地址： 天津市静海区沿庄镇元蒙口村

保护级别： 天津市静海区文物保护单位

元蒙口沉船位置街景

　　元蒙口沉船遗址位于天津市静海区沿庄镇元蒙口村。1978年6月，在元蒙口村出土一只宋代木船。该木船船口距地表约4米，右舷低于左舷0.2米。方艏、方艉、平底，长14.62米，宽3.9米，船内用12根横梁支撑，船肋用硬杂木杆弯成，船后有三角形平衡舵。出土时除左舷上半部腐朽无存、船尾在清理前遭到人为的破坏外，其余部分保存较好，不少构件木质尚好，纹理清晰。舱内出土白瓷碗、陶碗、"政和通宝"铜钱和苇席、麻绳等物。船身完好，现原地封存。

　　2011年3月31日，经静海县人民政府公布为静海县文物保护单位，现为静海区文物保护单位。

元蒙口沉船

◐ 元蒙口沉船发掘图

◐ 元蒙口沉船模型图

◐ 元蒙口沉船位置现状

河东区

名称：天妃宫遗址

年代：元代至清代

地址：天津市河东区大直沽中路 51 号

保护级别：全国重点文物保护单位

元明清天妃宫遗址博物馆全景

天妃宫遗址位于河东区大直沽中路 51 号，始建于元至元年间（1281—1284），又称"天妃灵慈宫"，俗称"东庙"，为海运漕粮祈求妈祖保佑而建，元泰定、至正年间以及明弘治、万历曾经历重修。清代曾历经数次修葺，天妃灵慈宫于清光绪二十六年（1900）毁于战争，清光绪三十一年（1905），复建三间大殿。1950年，天妃宫附近居住的市民将天妃宫中的神像拆毁，天妃宫随之彻底废除，大部分建筑被改为他用。

1998 年 12 月—1999 年 1 月，天津市考古工作队对遗址进行了考古发掘，发掘出元代建筑基址与明、清时期天妃宫的大殿基址，以及大量的金、元、明、清建筑构件和生活用品。这次考古是第一次在天津市区范围内发现地层关系明确的元代遗存。

天妃宫遗址文化内涵丰富，层次清晰，是天津市区内堆积最厚的古代文化遗存。考古发掘证明，元明时期的天妃宫是等级较高的官庙。经国家文物局考古专家组的鉴定，该遗址为天津城市的原生点和发祥地。2002 年天津市政府在遗址处辟建元明清天妃宫遗址博物馆对该遗址进行保护。

2006 年 5 月，经国务院公布为第六批全国重点文物保护单位。

天妃宫大殿基址一

天妃宫大殿基址二

元明清天妃宫遗址博物馆外景

馆内陈设——沉船

后 记

　　《运河遗珍：天津市大运河文化遗产保护性调查研究》一书，由天津市文化遗产保护中心编制。书稿历时多年，凝聚了许多人的心血和汗水。期间还得到天津大学建筑设计规划研究总院以及运河沿线各区文物部门的大力协助。在此，向为本书付出辛勤劳动的刘铧文、刘小溪、吕志宸、马英（排名未分先后）表示衷心感谢。